Uni-Taschenbücher 121

UTB

Eine Arbeitsgemeinschaft der Verlage

Birkhäuser Verlag Basel und Stuttgart
Wilhelm Fink Verlag München
Gustav Fischer Verlag Stuttgart
Francke Verlag München
Paul Haupt Verlag Bern und Stuttgart
Dr. Alfred Hüthig Verlag Heidelberg
J. C. B. Mohr (Paul Siebeck) Tübingen
Quelle & Meyer Heidelberg
Ernst Reinhardt Verlag München und Basel
F. K. Schattauer Verlag Stuttgart-New York
Ferdinand Schöningh Verlag Paderborn
Dr. Dietrich Steinkopff Verlag Darmstadt
Eugen Ulmer Verlag Stuttgart
Vandenhoeck & Ruprecht in Göttingen und Zürich
Verlag Dokumentation München-Pullach
Westdeutscher Verlag/Leske Verlag Opladen

Manon Maren-Grisebach

Methoden der
Literaturwissenschaft

Dritte Auflage

Francke Verlag München

Frau Dr. Manon Maren-Grisebach studierte Vergleichende Literaturgeschichte, Romanistik und Germanistik in Genf und Paris, dann Literaturwissenschaft und Philosophie in Hamburg. Promotion über das Drama des Expressionismus. Neben der Mitarbeit am Norddeutschen Rundfunk hat die Autorin z.Zt. einen Lehrauftrag für Literaturwissenschaft an der Universität Hamburg.

ISBN 3-7720-1017-2

© A. Francke Verlag GmbH München 1970
Dritte Auflage 1973
Alle Rechte vorbehalten
Einbandgestaltung: A. Krugmann, Stuttgart

VORBEMERKUNG

Methode ist der Weg zu einem Ziel. Methode ist die Art und Weise, etwas noch nicht Realisiertes in Realität umzusetzen und dabei aus dem unerkannten Gegenüber in seiner abgespaltenen Existenz ein für den einzelnen Erkanntes zu machen. Als Nahziel der Literaturwissenschaft ist denkbar: Erkenntnis von Literatur. Darin sind zumindest zwei Variable enthalten: erstens, welche Art von Erkenntnis, Erkenntnis zu welchem Zweck? und zweitens, welche Literatur? Die verschiedenen Antworten auf diese Fragen bedingen verschiedene Methoden. Das Ziel ist innerhalb wahrscheinlicher Grenzen veränderbar, daher auch die Methoden.

Es ist nicht ratsam, bei einzelnen technischen Arbeitsschritten schon von «Methode» zu sprechen; eine Methode wird erst konstituiert durch einen ganzheitlichen Denkzusammenhang, durch ein System, in das einzelne Arbeitsschritte integriert sind. Als Weg ist einer Methode Ausgangspunkt und Ziel inhärent, das heißt aber Zusammenhang.

Der sogenannte *Methodenpluralismus* ist ein liberalistisches Agglomerat von verschiedenen Techniken, die aus verschiedenen Zusammenhängen gelöst worden sind und nicht den Anspruch auf eine Methode erheben können. Einem solchen pluralistischen Eklektizismus fehlen Fundament und Richtung, fehlt damit das Moment des Zusammenhangs. Desgleichen ist ein *Methodenmonismus*, sobald er eine einzige Methode zur zeitunabhängig gültigen fixiert, nicht akzeptierbar, da sich die Situation Betrachter–Werk und damit die Zusammenhänge historisch-dialektisch verändern.

Methode ist ferner zu definieren als planmäßiges Verfahren, das innerhalb der menschlichen Tätigkeiten diejenige der Wissenschaften kennzeichnet. Will man folglich mit Literatur wissenschaftlich umgehen, ist es notwendig, sich der Methoden bewußt zu sein, die dabei angewandt werden können. Im Laufe der Geschichte des Faches Literaturwissenschaft sind verschiedene Methoden erdacht und praktiziert worden.

Die folgende knappe Übersicht diene dazu, daß vor allem der Studierende, der Anfänger, durchschauen und einsehen lerne, wie und auf welche Weise ihm Literatur vermittelt wird, daß ihm beim eigenen Arbeiten eine Entscheidung offensteht, daß er sich Rechenschaft über sein Vorgehen geben kann. Diese Rechenschaft reicht erst einmal so weit, wie man sich bewußt wird, was man im abgegrenzten Bezirk der Literaturwissenschaft tut; dann bei einem weiterführenden Reflektieren erfaßt sie auch die Folgerungen, die dieses Tun für den Gesamtzusammenhang der Wissenschaften und weiter für den des Lebens überhaupt bedeutet; und «wenn das Leben ein Recht hat, den Dienst der Wissenschaft in Anspruch zu nehmen, so wird die Wissenschaft nicht vergewaltigt, sondern durch dieses Verlangen erst auf den Weg zu sich selbst verwiesen»[1]. Leben steht hier synonym für Gesellschaft, für die Praxis des Menschen innerhalb der ihm genuinen Gemeinsamkeit von anderen Menschen. Der Geisteswissenschaftler, der intern des Geistes denkt, sagt: «Alle methodologischen Maßnahmen, jedes Werturteil, jeder Terminus eines einzelwissenschaftlichen Werkes ist aus einer letztlich weltanschaulichen Perspektive bestimmt[2].» Derjenige, der mit Marx das Denken über die Geisteswissenschaften hinaus in die Zusammenhänge mit Gesellschaft, Politik und Ökonomie verlängert, sagt, daß letztlich alle methodologischen Maßnahmen, genauso wie alle ihnen vorausgehenden weltanschaulichen Überzeugungen, durch diese sozio-ökonomischen Fakten bedingt sind. Die diesen weiteren Komplex einbeziehenden Zusammenhangslinien, die die Vermittlung von Methode und Gesellschaft aufzeigen, werden hier nur am Rande gezeichnet, ihr Bedenken, das heute meist unter dem Terminus «Ideologiekritik» gefaßt wird, muß einer anderen Arbeit vorbehalten sein[3]. Der *zeitliche* Vorrang liegt bei der unkritischen sachlichen Darstellung der Methoden, der *rangmäßige* aber bei der Ideologiekritik. Trotz dieses Wissens soll hier erst einmal eine auf die Literaturwissenschaft beschränkte Darstellung erfolgen, um so die Basis zu liefern, auf der die weiter gespannte Kritik ansetzen muß.

Die Hinweise auf den Zusammenhang mit Weltanschauung (sprich: Philosophie), so pauschal sie einem kurzen Aufriß entsprechend sein müssen, rechtfertigen sich daraus, daß Methodologie eine Spezies ist zwischen Philosophie und Einzelwissenschaft, zwischen den übergreifenden Denkvorgängen und ihrer Anwendung in einer einzelnen Fachdisziplin.

Das Verlangen, die methodischen Möglichkeiten zu übersehen und sie kritisch zu entziffern, wird immer stärker. Noch vor zwei Jahren mußte in der Vorbemerkung stehen: «einfache sachliche Unterlagen aber, sich zu informieren, fehlen». Heute sind, dem Theorie- und Methodeninteresse folgend, einige Erkenntnismittel mehr geschaffen[4]. Aber die vorliegende Arbeit hat aufgrund ihrer systematischen Übersicht weiter ihre Berechtigung. Und außerdem kann das methodische Interesse nicht genug gefördert werden; denn wenn wir auch nicht mehr einen Satz wie «die Methoden, man muß es zehnmal sagen, *sind* das Wesentliche, auch das Schwierigste»[5] unterschreiben, da das Wesentliche nicht in einer isolierten Einseitigkeit von Theorie stecken kann, so ist Methodenkenntnis doch eine Steigerung des Bewußtwerdens, in dem Wunsch, eine rationale Übersicht über das Denken über Literatur zu erlangen und damit die Eigenständigkeit des lernenden Individuums zu befestigen. Der einzelne wird dadurch eine größere Freiheit und Unabhängigkeit seinen Lehrenden und der ihm überlieferten Sekundärliteratur gegenüber erreichen und erst in den Stand gesetzt, eigene Entscheidungen zu fällen. Der Austritt aus der Unmündigkeit wird möglich, so daß Methodenkenntnis auch ein Element ist zum Abbau jeglicher Autoritätsstruktur.

Es wurden sechs abgrenzbare Methodenformen ausgewählt, die sich zwecks Klarstellung der Prinzipien eine gewisse Purifizierung gefallen lassen müssen. In der Praxis kommen sie in der hier aufgezeigten Reinheit nicht vor. Dennoch ist das Abgrenzen der verschiedenen Denk- und Methodenformen notwendig. Die Gefahr ist, daß zugunsten klarer Scheidelinien die von einzelnen individuell konturierten Gedanken auf einen allgemeinen Typus hingezwängt werden. Um diese Vergewaltigung zum Typus möglichst klein zu halten, werden verhältnismäßig wenige Namen genannt, wenige Denker miteinander gleichgesetzt. Man weiß, wie erbittert Partner innerhalb eines Methodenlagers streiten können, was beweist, daß der außenstehende Betrachter die Differenzierungen ungerechterweise verwischt, nur um das eigene klare Konzept zu zeichnen. Trotz allem ist eine Typisierung unvermeidlich, aber sie wurde hier gewonnen aus dem Einzelnen, Konkreten, nicht aus einer vorgefaßten Idee.

Im Ganzen wird weniger die Geschichte der Methodenentwicklung aufgezeigt als ihre prinzipiellen Möglichkeiten, so wie sie sich im Laufe der Geschichte herausgebildet haben. Aber die durchgängig wirkende historische Bedingtheit macht, daß auch das Prinzipielle seine geschichtliche Herkunft nicht verleugnen kann: die chronologische Abfolge innerhalb der Entstehung der einzelnen Methoden spiegelt sich in der Abfolge der Kapitel, obwohl die Anordnung primär nach systematischen Aspekten getroffen worden ist; und zwar so, daß das möglichst Ungleichartige und doch aufeinander

Bezug Nehmende, die Unterschiede, Abweichungen und Gegensätze jeweils deutlicher hervortreten lasse.

Von den in der vorigen Auflage beschriebenen Methoden mußte die «soziologische» neu gefaßt werden, da sie die gegenwärtig im Gebrauch und damit in der Veränderung stehende ist. Hinzugekommen ist dank der Mitarbeit von Dr. Joachim Thiele (Universität Hamburg) ein kurzer Abriß zum «statistischen» Verfahren, das mehr als Hilfsmittel denn als «Methode» zu bezeichnen ist, da es erstens zu wenig erprobt und zweitens durch mathematische Techniken keinen unmittelbar abzulesenden weltanschaulichen Zusammenhang mitteilt.

Verzichtet werden kann auf die literaturwissenschaftliche Spielart, Motive in der Literatur aller Zeiten zu sammeln, zu vergleichen, eine Phänomenologie der Motive zu schreiben[6]. Auch das Vorgehen, das sich in ähnlicher Weise auf Gattungen, Probleme und Ideen spezialisiert, ist nicht gesondert aufgeführt. Denn bei diesen Sonderformen könnte die Untersuchung nach dem ersten Schritt des Sammelns und Auswählens dann in verschiedener Weise, positivistisch, existentiell, soziologisch, weitergeführt werden, so daß Motive, Gattungen, Ideen nur je verschiedene *Themen* sind, deren Behandlung auf die genannten Weisen erfolgen kann. Ebenso soll ein Hinweis auf die Splittermethode der Generationsforschung genügen, die Dichter nach deren Geburtsdaten in Gruppen von gemeinsamen Generationen ordnet, so daß nach Wesensmerkmalen eher die Altersgenossen als die Zeitgenossen zusammengehörig erscheinen[7].

Eine wichtige, grundsätzlich andere Art ist die, Literatur zu werten, zu urteilen darüber, einmal ob literarische Werke zur «Kunst» gehören, zum andern darüber, ob bestimmte Werke überhaupt einen Wert für die Menschen ausmachen oder etwa einen Wert in sich allein tragen. Bei Untersuchung dieser Fragen ergäben sich Methoden, die ästhetisch-immanent vorgehen – eine formalästhetische Methode –, und solche, die phänomenologisch oder psychologisch von der Wirkung eines Werkes ausgehen – dabei müßte an die Wertungsmethoden des Philosophen Roman Ingarden angeknüpft werden[8], und ferner zeigt sich eine Methode, wie sie in Ansätzen vom soziologischen Verfahren erarbeitet worden ist. Hier reflektiert man sowohl auf die Wirkung in bestimmten gesellschaftlichen Lagen als auch auf die Entstehung von Literatur, wie diese von jeweils anderen, gesellschaftlich geprägten Werten beeinflußt ist. Auf den verschiedenen Sektoren ist in der Geschichte der Literaturwissenschaft, der Ästhetik und Soziallehre intensives Denken geleistet worden, das eine gesonderte Darstellung erfordert, um das, was bisher unter dem Titel «Literaturkritik» propagiert wurde[9], auf eine begrifflich klare Basis zu stellen.

Zwar ist in den hier ausgewählten Methoden das Werten keinesfalls vermieden, selbst dort nicht, wo Wertfreiheit erstrebt ist, aber Wertung zum speziellen Ziel einer Methode zu erklären, ist eine andere Sache. Die in der Historie vielfach widerstreitenden Wert-Proklamationen, deren oberste Wertprinzipien wechseln, und die von ihren Autoren teils nicht bis auf die Theorie, teils nicht auf weitere gesellschaftliche Praxis zu Ende gedachten Wertvorstellungen sollen in einem gesonderten Einführungsbuch beschrieben werden.

Terminologie. – Das Positive hat nach dem Begründer der systematisch-positivistischen Philosophie, dem Franzosen Auguste Comte (1798–1857), vor allem die Bedeutung des Tatsächlichen, des wirklich Gegebenen, das empirisch erkannt werden kann. Danach ist das Positive auch das Sichere, das Unbezweifelbare, dem gegenüber jeglicher philosophischer Skeptizismus unsinnig wird. Es ist ferner das genau Bestimmbare, und auch in werthafter Beziehung ist es «positiv», das heißt nützlich, fortschrittlich. Mit all diesen Bestimmungen setzt sich eine derartige Philosophie ab von den spekulativen Richtungen; sie ist grundsätzlich anti-metaphysisch. Die nur vom Subjekt abhängigen Glaubensdinge sind auszuschalten, damit die Nachprüfbarkeit der getroffenen Aussagen gewährleistet wird. «Positivistisch» heißt demnach eine Wissenschaft oder Methode, die sich nur auf diese empirisch gegebenen Sachverhalte bezieht. Der «Fluch» der Wissenschaft ist, laut positivistischer Meinung, «die blutlose Konstruktion, welche von den Tatsachen absieht und sich in allgemeinen Betrachtungen verirrt»[1]. Der in Wien wirkende Philosoph und Theoretiker des Positivismus, Ernst Mach (1838–1916), schreibt 1902: «Die Ansicht, welche sich allmählig Bahn bricht, daß die Wissenschaft sich auf die übersichtliche Darstellung des Thatsächlichen zu beschränken habe, führt folgerichtig zur Ausscheidung aller müßigen, durch die Erfahrung nicht controlirbaren Annahmen, vor allem der *metaphysischen*[2].»

Einheit von Psyche und Physis. – Kennzeichen dieser Einstellung, die das Metaphysische als müßig, nutzlos und irrelevant beiseite setzt, ist das Behandeln dessen, was sonst «Seele» oder «Geist» genannt wird, dessen, was in anderen Lehren die metaphysischen Begründungen provoziert. Dieser Komplex des Psychischen gehört im Positivismus nicht einem eigenen Bereich an, der hinter (meta) oder auch nur unabhängig vom Physischen existierte, sondern es gibt «keine Wesensverschiedenheit des Physischen und Psychischen»[3]. «Es gibt (...) kein Drinnen und Draußen»[4], keine «Kluft zwischen der materiellen und geistigen Welt»[5]. Obwohl die Aussagen so prononciert speziell für die Theorie von Ernst Mach gelten, der nach einer «Vorstellung» suchte, die «er auf allen Gebieten festhalten kann»[6], und der, hauptberuflich Physiker, das naturwissenschaftliche Denken besonders vorantrieb, treffen sie dennoch auf die Prinzipien aller positivistisch Denkenden zu. Auch die These von Mach, daß die Welt einteilbar in einerlei Elemente sei, diese wiederum in Elementenkomplexe, und daß nur die verschiedene Art ihrer Zusammenhänge entscheidend sei, kann als prinzipiell positivistisch anerkannt werden[7].

Verbindung der Wissenschaften. – Das bedingt die Tendenz, die verschiedenen wissenschaftlichen Disziplinen enger zusammenzubringen, «den Zusammenschluß der Wissenschaften zu einem Ganzen»[8] anzustreben. Wenn die Einzelphänomene nur Elemente eines größeren Zusammenhanges sind, und je nach dem Aspekt, unter dem sie betrachtet werden, sich ändern, dann ist zwecks Erkenntnis ihrer ein Anwenden verschiedener wissenschaftlicher Möglichkeiten auf ein Objekt nicht nur möglich, sondern notwendig. Mit einigen Einschränkungen ist diese Tendenz zum monistischen Aufbau der Wissenschaften von den Literarhistorikern übernommen worden – die Grenzen lagen dort, wo der idealistische Aspekt ein weiteres Einbeziehen materieller Grundlagen verbot –, und ebenso sind andere Überzeugungen der philosophischen Positivisten nutzbar gemacht worden für die Betrachtung von Literatur.

Naturwissenschaft = Geisteswissenschaft. – So die philosophische Grundposition der Gleichheit von Innen und Außen; sie hat für die Literaturwissenschaft verschiedene Konsequenzen. Erstens dürfen jetzt Methoden aus den Naturwissenschaften legitim in die Geisteswissenschaften übertragen werden. Natur = Geist führte zu Naturwissenschaft = Geisteswissenschaft. Bei vielen Einzelaspekten der Methode ist an diese Parallelsetzung zu denken. Daß man sie so bereitwillig in die Literaturwissenschaft aufnahm, mag an der Macht der aufkommenden Technik, an der Angst vor dem Triumph der Naturwissenschaften gelegen haben, Gleichwertiges sollte in den Geisteswissenschaften geleistet werden[9].

Einheit von Leben und Werk (Biographismus). – Zweitens hat die Ansicht der grundsätzlichen Gleichheit von Psyche und Physis eine wichtige methodenbestimmende Konsequenz: Kein Werk eines Dichters kann hiernach ohne Wissen um die Person, die es hervorbrachte, kein Werk ohne Wissen um das Leben und Lebensmilieu, aus dem diese Person hervorging, verstanden werden. Diese Auffassung hat den sogenannten Biographismus, die genaue Untersuchung der Dichterleben, zur Folge.

Einer der einflußreichsten Begründer der positivistischen Literaturbetrachtung – Hippolyte Taine (1828–1893) – ging, als er seinen

11

großen Essay über Balzac schrieb (1858), von dieser Verbindung Leben–Werk aus. Er beginnt mit programmatischen Einleitungssätzen: «Nicht der Geist allein ist der Vater von Geisteswerken. Der ganze Mensch nimmt teil an ihrer Entstehung; seine Naturanlage, seine Erziehung und sein Leben, das vergangene wie das gegenwärtige, seine Leidenschaften und seine Fähigkeiten, seine Tugenden und seine Laster, überhaupt alles, worin sein Geist und sein Wirken ihren Ausdruck finden, läßt seine Spuren in dem, was er denkt und dem, was er schreibt, zurück. Um Balzac zu verstehen und zu beurteilen, muß man sein Gemüt und sein Leben kennen[10].» «Um Balzac zu verstehen» – und nicht: um Balzacs Werke zu verstehen, – obwohl dies gemeint ist; aber die Gleichsetzung von Autor und Werk ist derart verankert, daß der Name Balzac als Chiffre für beides stehen kann. Taine meint, «seine Naturanlage» sei zu erkennen – dafür läßt sich «sein Ererbtes» setzen, «seine Erziehung» – das ist sein «Erlerntes», und «sein Leben» – statt dessen könnte «sein Erlebtes» stehen. Damit sind in den Sätzen Taines die charakteristischen drei «E» der Methode suggeriert: Ererbtes, Erlerntes, Erlebtes. Sie wurden der nachfolgenden Literaturwissenschaft eine Anleitungsformel für positivistisches Arbeiten. Hat man diese drei Quellen aufgespürt, so ist damit zugleich das Verständnis der Werke gewährleistet, obwohl erst einmal das Außerwerkhafte erfaßt ist. Erich Schmidt etwa hat sich in seinem Lessingbuch (1899) an diese Formel gehalten; er beginnt mit dem Ererbten, Beschreiben der Vorfahren Lessings, geht dann über zum Erlernten, zeichnet Schulweg und Bildungseinflüsse und macht schließlich das Erlebte an den dem Dichter widerfahrenden Lebensfakten deutlich.

Goethe als Vorbild des Biographischen. – Ob man sich bei einem solchen biographistischen Vorgehen immer der philosophischen Hintergründe, der Zusammenhänge bewußt war, in denen diese Denkweise steht, ist nicht auszumachen, denn man berief sich vornehmlich auf eine nicht philosophische Macht, auf Goethe. Goethes Gedanken schienen sich insofern mit den aufkommenden Ideen zu decken, als einmal seine Roman-Autobiographie *Dichtung und Wahrheit* und zum andern seine Überzeugungen, daß das Werk wächst, sich aus einem Keim heraus entwickelt, Stufe um Stufe, übereinstimmend mit der Leben-Werk-Synthese gesehen wurden. Wilhelm Scherer, der immer noch als «Zentralgestalt des Positivismus» gilt[11] – obwohl viele Elemente seines Arbeitens nicht mit den theoretischen Grundlagen des konsequenten Positivismus übereinstimmen –, spricht von «Goethes Selbstbiographie als Causalerklärung der Genialität»[12], und Schmidt will «den seit Goethes großem Vorgang ausgebildeten Lehren treu, fragen, was der Einzelne seiner Familie, seiner Heimat, seinen Schulen, seinem Volk, seinem Zeitalter dankt und was die freiere Entfaltung seiner Eigenart diesem Zeitalter Neues zugebracht hat»[13]. Wenn man den Akzent auf das Entwicklungshafte legt, kann man sich auf Goethes morphologisch gegründete Ansichten berufen, in denen das Wachsen der Pflanze auf das Wachsen der Dichtungsgestalt verweist.

Genetische Erklärung. – Hieran orientiert, geht der Positivist «genetisch» vor. Wollte man allerdings die ganze Methode statt «positivistisch» «genetisch» nennen, was vorgeschlagen wurde, so würde man eine Unterart der Methode zur Gattung erheben. In seinen *Morphologischen Heften* schreibt Goethe: «Als drittes entwickelt sich nun dasjenige, was wir als Handlung und Tat, als Wort und Schrift gegen die Außenwelt richten; dieses gehört derselben mehr an als uns selbst, so wie sie sich darüber auch eher verständigen kann als wir es selbst vermögen; jedoch fühlt sie, daß sie, um recht klar darüber zu werden, auch von unserm Erlebten so viel als möglich zu erfahren habe. Weshalb man auch auf Jugend-Anfänge, Stufen der Bildung, Lebens-Einzelheiten, Anekdoten und dergleichen höchst begierig ist[14].»

Auch Carl Gustav Carus (1789–1869) war schon eine Generation früher der Überzeugung, daß zuallererst der Mensch Goethe und sein Verhältnis zur Umwelt zu erkunden sei, denn nur so könne ein Verständnis «in einem genügenderen Grade wirklich erreicht werden»[15]. Auch für ihn ist «zuletzt das Näherstehen und Verstehen der Individualität eines Verfassers der wahre und eigentliche Schlüssel zu seinen Werken»[16]. Aber im Unterschied zu den positivistischen Leben-Werk-Betrachtern gewinnt Carus das Verständnis der Individualität des Dichters nur aus dem Leben und den Lebenszeugnissen und nicht aus den Dichtungen, wodurch er es vermeidet, aus den für ihn noch verschiedenen Gegenden der inneren und äußeren Wirklichkeit eine einheitliche Landschaft zu machen. Ebenso nicht kongruent mit positivistischen Grundsätzen ist zum Beispiel die Einseitigkeit Bielschowskys, der sich in seinem Buch über Goethe (1895) nur für die Lebensfakten zu interessieren scheint, – also nur für den einen Aspekt der «Elemente» –, und die Werke dazu benutzt, des Dichters Leben zu veranschaulichen. Die Zielrichtung verläuft dadurch umgekehrt: vom Werk zum Leben.

Kausalität. – Das methodische Zusammenfügen von Leben und Werk findet weitere Begründung in der Übernahme eines Begriffes aus der Naturwissenschaft, der Kausalität. Wilhelm Scherer schreibt: «Die historische Grundkategorie, hat man mit Recht gesagt, ist die Causalität. Keine noch so treue und gewissenhafte Erforschung der Thatsachen, keine noch so lichtvolle und sinnige Sonderung und Gruppierung des Stoffes kann den Historiker der Pflicht entheben, die Ursachen dessen zu ergründen, was geschieht[17].» Was für Carus nur als Hilfe zum «besseren Verständnis» diente, wird bei den späteren Positivisten als Ursache-Folge-Relation im Gegebenen betrachtet. Sie ist nachweisbar und also nachzuweisen. Dieses Kausale bestimmt erstens die Verbindung Leben-Werk, zweitens den literaturgeschichtlichen Ablauf: Werke vorangehender Dichter → Werk des zu erklärenden Dichters, drittens die Stellung des Dichters und Werkes im sozialen Gefüge: die jeweilige gesellschaftliche Situation → Leben und Werk, und viertens ist Kausalität sinnvoll zu untersuchen als Relation zwischen Werk und Publikum, zwischen dem Werk und seiner Kritik. In dieser vierten Kausal-Möglichkeit verschiebt sich lediglich das Grundmuster: das Werk wird zur Ursache und zeitigt bestimmte Wirkungen, aus denen dann wieder Rückschlüsse auf das Werk möglich werden, was man als Wirkungsgeschichte kennt. Man kann die Einteilung unter dem Generalaspekt der Kausalität auch so vornehmen, daß das Kausale einmal in der Individual- oder Mikrosphäre aufzudecken ist, zum andern in der allgemeinen Zeit- oder Makrosphäre. Für das Ganze postuliert Scherer «das Streben, die Geschichte als eine lückenlose Kette von Ursachen und Wirkungen anzusehen»[18]. Und zeigen sich etwa Lücken, ist zu wenig Material vorhanden, wie etwa bei der mittelalterlichen Literatur, fehlen Lebenszeugnisse, Zeitzeugnisse, so lasse man sich nicht beirren, denn wo Tatsachen fehlen, ist «klare und sichere Kühnheit der Combination und Construktion»[19] geboten. So unbedingt ist die Überzeugung von einer «lückenlosen Kette», daß für den Positivisten Hypothesen über die kausal bedingten Dichtungsphänomene am Platze sind. Kein Raum bleibt dieser Lehre nach in der Kausalkette, an dem schöpferische Freiheit und Spontaneität einsetzen könnten. Obwohl Scherer sich oft die Freiheit nimmt, eigene Vorstellungen in die Dichtungen und ihre Anordnung zu tragen, die höchstens in ihm selbst, nicht aber im Objekt kausal bedingt sein mögen, meint er (1868): «Wir glauben mit Buckle[20], daß der Determinismus, das Dogma vom unfreien Willen, diese Centrallehre des

14

Protestantismus, der Eckstein aller wahren Erfassung der Geschichte sei[21].»

Erklärbarkeit total oder partiell. – Falls tatsächlich positivistischerweise Literatur als ein Objekt gesehen werden soll, das durchgehend determiniert ist, so läßt sich im Rückgang auf die bewirkenden Ursachen dieses Objekt vollständig erklären. Die mögliche Erklärbarkeit aller Teile eines Werkes ist als Leitbild aus den Naturwissenschaften gewonnen, nichts bleibt undurchschaubar, Dichtung als Produkt einsehbar. «Wir haben eine Möglichkeit und ein Recht der Erforschung[22].» Bei einigen Literarhistorikern allerdings hat sich ein «dunkler Rest» erhalten, der unerforschbar bleibt, der letztlich doch die Geisteswissenschaften von den Naturwissenschaften trennen soll. Bezeichnenderweise erwähnt man gemeinhin die so denkenden Forscher als Repräsentanten des Positivismus in Deutschland: Man solle sich mit dem positiv Erfaßbaren bescheiden, wozu stillschweigend ein Negatives gedacht wird, das den eigentlichen Gehalt des literaturwissenschaftlichen Objekts darstellt. Erich Schmidt zum Beispiel folgt diesem Bescheidenheitsgrundsatz und will Lessing einer Erkenntnis gemäß vor uns hintreten lassen, die sich «bescheidet, in die Geburt des Genies und die Geheimnisse der Individualität noch weniger eindringen zu können als in das Dämmerreich geistiger Conceptionen»[23]. Auch in seiner Arbeit «Richardson, Rousseau und Goethe» (1875) vertritt er diese Auffassung und will lediglich sämtliche Voraussetzungen biographischer und entwicklungsgeschichtlich kausaler Art bereitstellen; bei einer gründlichen historischen Untersuchung des Materials soll die Arbeit ihr Bewenden haben. Das rationale Erklären also darf nur so weit gehen wie die Kausalität der sichtbaren unmittelbar erfahrbaren Tatsachen, die Überzeugung Machs vom gleichen Innen und Außen wird hier von Schmidt nicht geteilt.

Funktionalität. – Die auf den Positivismus folgenden, idealistisch orientierten Literaturwissenschaftler haben das Prinzip der Kausalität und damit das der Erklärbarkeit abgewiesen. Statt einer Ursache-Wirkungs-Kette wird höchstens eine Bedingtheitsrelation – und diese auch nur in begrenzten Gebieten – akzeptiert. Aber selbst für die Positivisten fragt es sich, ob ihnen eine strenge Kausalität als Betrachtungskategorie angelastet werden kann. Ernst Mach sprach von «Funktionalität»[24] und meinte damit ein Abhängigsein der einzelnen Elemente untereinander, die Art und Weise, wie sie sich gegenseitig in einem Relationengeflecht bedingen. Diese Ausweitung von Kausalität erscheint innerhalb des positivistischen Systems angebracht. Zum Beispiel deutet die für Wilhelm Scherer wichtige Lehre von der «wechselseitigen Erhellung» über die nur eine Richtung verfolgende Ursache-Wirkungs-Kette hinaus. Deshalb wirft Scherer dem Verfasser einer Literaturgeschichte den Mangel an Motivierungen vor, die verschiedenen literarischen Erscheinungen seien weder miteinander, noch zu Mensch und Umwelt in Beziehung gesetzt[25].

Daß unter die Betrachtung solcher funktionaler Beziehungen auch die zwischen sozialer Situation, literarischem Werk und Dichter fallen soll, erstaunt einerseits, da das soziologische Vorgehen sich programmatisch entschieden später im Laufe der Literaturgeschichtsschreibung durchsetzt; andererseits aber scheint es kongruent mit den theoretischen Voraussetzungen des Positivismus, denn wenn Kausalität und Funktionalität als Grundkategorien anerkannt werden, das heißt als adäquate Erkenntnisformen für ein objektiv Gegebenes, dann bestimmen sie auch die bis dahin unberücksichtigten Beziehungen zwischen Literatur und Gesellschaft. Erik Lundings 1958 aufgestellte Behauptung, «literatur-soziologische Forschungen spielten im Positivismus keine Rolle»[26], ist unzutreffend. Schon die theoretischen Ansichten verlangen eine Einbeziehung der sozialen Umwelt als eines Faktors im gesamten Elementengefüge. Grundsätzlich sollen und können Literaturwissenschaft und Gesellschaftswissenschaft vereint werden, jedenfalls in mancherlei Hinsicht, der jeweilige Standpunkt, den der Betrachter einnimmt, entscheidet über die wissenschaftliche Disziplin, in der er vorgeht. In verschiedenen Arbeiten zeigen sich die ersten Ansätze literaturwissenschaftlich-soziologischer Sichtweise. Etwa bei Scherer in seinem Aufsatz «Bürgerthum und Realismus» (1870). Er versucht, die These von der Motivierung durch Gesellschaft anschaulich zu machen, indem er einleitend die bildende Kunst darstellt «unmittelbar in ihrem Verhältniß zu dem Stande, der sie pflegte»[27]. Dabei arbeitete er Zuordnungen heraus wie: Griechischer Sklavenstaat – idealisierende Kunst; Niederländisches Bürgertum – charakterisierend realistisch. Was sich seiner Meinung nach an der bildenden Kunst augenfällig zeigen ließ, galt dann auch für die Dichtung: «Auch die Poesie erhält von den gegebenen sozialen Verhältnissen ihre originalsten Impulse»[28]; allerdings war dies vornehmlich thematisch gemeint: «Was irgend das Leben bietet an interessanten Vorgängen im Haus oder im Staat, das wird verwerthet[29].» Scherer beendet seine Herleitung des Realismus aus dem bürgerlichen Status der Gesellschaft mit dem Satz: «Fassen wir das Vorstehende zusammen, so ergibt sich uns ein inneres Band, welches die künstlerische Entwicklung mit der politischen verknüpft[30].» «Originalste Impulse» und ein «verknüpfendes Band» – derartige Formulierungen sind unter diesem Aspekt für den idealistischen Geisteswissenschaftler unmöglich. In der eigentlichen soziologischen Methode allerdings werden diese vagen Verknüpfungen strenger durchdacht, wie überhaupt andere Denkformen – dialektische – und andere Zielvorstellungen – gesellschaftskritische Perspektive – methodenleitend werden, aber doch bleibt dies frühe Stadium der Einbeziehung sozialer Fakten bedenkenswert.

Analyse. – Das positiv Gegebene – wobei nicht reflektiert wird, was nun tatsächlich gegeben und was erschlossen oder nur vorgestellt wird – ist mittels verschiedener naturwissenschaftlicher Verfahren zu sichten: analytisch soll die Literatur zerlegt werden. Joachim Thiele weist in seiner Arbeit (Typoskript von 1965, bisher unveröffentlicht) nach, daß bei Scherer zum Beispiel Daten, biographische Fakten, stilistische Eigenheiten, Satzbau, Versbau, Sprachebene und Reim die aus einer Analyse gewonnenen Gerüstteile bilden, aus denen die literarhistorische Untersuchung zusammengesetzt wird. Auch zerlegt Scherer die Sprache analytisch in «Sprachatome»[31] und «mathematische Teile»[32], in denen er bereits Bedeutungen sieht. Er meint, hier lägen wichtige Forschungsaufgaben für die Zukunft, denn von der Bedeutung der Atome ließe sich zu den größeren Bedeutungskomplexen, zu Sätzen und Satzperioden aufsteigen.

Analogie. – Die durch Analyse bereitgestellten Einzelheiten können durch einen weiteren methodisch-naturwissenschaftlichen Schritt miteinander verglichen werden; Analogien werden gesehen und Gleichartiges in Gruppen gebündelt. Dieses Verfahren, das gleich gelagerte Anschauungen und Stilmerkmale aufdecken soll, nennt Scherer «die Zusammenfassung des Verwandten», er sieht darin «ein weiteres Objekt der Forschung, ein vorausgehendes Moment der Darstellung»[33]. Das Verwandte braucht nicht immer im gleichen Zeitraum zu liegen, sondern das Analogisieren soll gerade helfen, literarische Phänomene der Vergangenheit durch solche der Gegenwart besser zu verstehen. Analogie erschließt etwas Unbekanntes durch ein Bekanntes. Und wenn dies über Zeiten hinweggeht, heißt es «historische Analogie»[34]: «Der einfache methodische Grundsatz, das Nahe, Erreichbare möglichst genau zu studieren,

17

um ihn in die Vergangenheit zu projiciren und so deren Ereignisse zu begreifen, ist noch lange nicht in seiner Wichtigkeit erkannt[35].» Ein solches Übertragen und Analogiedenken vom Gegenwärtigen auf Vergangenes ohne die jeweiligen spezifischen Bedingungen scheint jedoch höchst ungeschichtlich; und falls der Positivismus Wert aufs Historische legt, die Tatsachen der Geschichte, so wie sie geschichtlich sind, untersuchen will, dann ist «historisch analog» forschen unpositivistisch, da es gleiche Phänomene verschiedenen Zeiten unterstellt, was einem durchaus idealistischen System entspricht. Es fragt sich hier erneut, ob Scherer eindeutig als Positivist zu bezeichnen ist.

Vergleich und Gruppierung. – Bei dem methodischen Schritt des Vergleichens und Gruppierens werden aus vielen vorliegenden Sachverhalten gleiche Momente zusammengefaßt. So wird in Taines Vorrede zu seinen literaturkritischen Studien (1858) das Vergleichen beschrieben: Eine «Art Chemie», eine «psychologische Analyse» geht während der Lektüre voran[36], und diese Chemie destilliert dann einen bestimmten typischen Sachverhalt, Taines «faculté maîtresse», heraus, der sich beim Vergleich als vorherrschend erweist. Hat der Leser diese Hauptfaculté an einem Werk erkannt, muß er «jetzt dieselbe Thätigkeit an anderen Teilen desselben Gegenstandes wiederholen; er muß schließlich die drei oder vier Ergebnisse, zu denen ihn eine jede seiner Sonderanalysen führen wird, miteinander vergleichen. Er verknüpfe dann mit den Schriften seines Verfassers dessen Leben, ich meine seinen Verkehr mit den Menschen, seine Philosophie, also seine Art, die Welt anzuschauen, seine Moral und seine Ästhetik, das heißt seine Gesamtanschauungen über das Gute und über das Schöne; er vergleiche dann alle die verkürzten Formeln, die den zusammengefaßten Gehalt der Tausenden von Bemerkungen bezeichnen, die er gemacht hat und von den Hunderten von Urteilen, die er darüber gefällt hat[37].» Praktiziert hat Taine diese Auffassung beispielhaft an dem eingangs erwähnten Balzac-Essay, in dem etwa das Verhältnis Balzacs zum Geld als ein Konstituens von Werk und Leben gezeigt wird oder: «Er war ein Pariser in seinen Sitten, in der Anlage seines Geistes, in seinen Neigungen: das ist der zweite Zug[38].» Man hat dieses Analysieren zwecks Vergleichen und Gruppieren – diese «Chemie» – als «seelenlosen Formalismus» kritisiert. Ein derartiger Vorwurf kommt aus nicht-positivistischer Anschauung, denn das Formale ist für den idealistischen Standpunkt etwas von der Seele radikal Unterschiedenes; für den Positivisten, der die Einheit von Psyche und Physis zugrunde legt, gibt es kein abgelöstes Formales.

Induktion. – Die Methode der Verknüpfung des Einzelnen zu Gruppen gleicher Elemente, der Vorgang des Abstrahierens von Nebensächlichkeiten und das Herausstellen von Haupteigenschaften eines Textes beziehungsweise Autors, verweist auf das Verfahren der Induktion. Neben den Bezeichnungen «positivistisch» und «genetisch» ist daher auch «induktiv» als bestimmendes Adjektiv für die Methode vorgeschlagen worden. Die Induktion wird gesetzt als Unterscheidungsmerkmal zur Deduktion des Einzelnen aus allgemeinen, von der Philosophie oder anderen Disziplinen hergeleiteten Ideen, so wie es in der Wissenschaftspraxis vor dem Positivismus unter dem Einfluß Hegelscher Ideen üblich war. Aber auch bei der positivistischen Induktion bleibt die Gefahr, daß sie in Deduktion umschlägt[39]; etwa derart, daß die gesammelten Eigenheiten, die bei einem Autor für die Gattung Lyrik zutreffen, nun als Gesetz gültig gemacht werden für Gedichte eines anderen Autors, oder auch nur bei demselben für später aus dem Nachlaß gefundene Lyrik; daß also mit dem induzierten Hauptmerkmal deduktiv gearbeitet wird. Eine normative Poetik kann so entstehen, sie behauptet, ihre Gesetze aus der Erfahrung induziert zu haben. In diesem Sinne problematisch ist das von Scherer geforderte «reale Allgemeine», das aus den Fakten der Literatur abstraktiv gewonnen werden soll und dadurch den Zusammenhang mit dem konkreten Individuellen wahre. Aber gleichzeitig ist er doch im Zweifel, ob eine «vollständige Induction» möglich sei[40]. Auch deshalb müssen Hypothesen seiner Meinung nach hinzukommen, um das Unvollständige der Erfahrung durch Vorstellungen zu ergänzen, die aus dem eigenen Denken hergeleitet werden. Ein Anhänger dieser zwitterhaften Denkart, Richard Maria Werner, versuchte in seinem gattungsbezogenen Buch *Lyrik und Lyriker* (1890),« eine Ästhetik im naturwissenschaftlichen Sinne zu begründen und aus genauer Beobachtung der Thatsachen zu einer Erfahrung der Gesetze aufzusteigen.»[41] «Erfahrung der Gesetze», ein bei einem Positivisten zwielichtiger Begriff, wie der des «realen Allgemeinen», denn das Aufsteigen zu Gesetzen, das Gesetzbilden kann nicht nur auf Tatsachen rekurrieren.

Werten. – Diese Grenzstellung zwischen Realismus und Idealismus ist dort besonders durchschaubar, wo der Positivist Wertungen vornimmt. Die «Blütezeitentheorie», die angeblich nur ein historisches Gesetz sichtbar machen soll, ist zugleich ein Produkt der subjektiven Bedingungen Scherers, wobei aber der Positivist meint, daß seinem Tatsachenblick lediglich das als Blütezeit erscheint, was objektiv und unwiderruflich eine solche ist. Funktionalität gilt im Objektbereich, «wechselseitige Erhellung» desgleichen – daß aber der Wertende und Urteilende selber in einer «wechselseitigen Erhellung» steht, das ist nicht reflektiert. Das Subjektive des Erkennenden ist nach dem Vorbild der damaligen Naturwissenschaften im frühen Positivismus ausgeschlossen. Die Werturteile, die trotz der prinzipiellen Unvereinbarkeit mit der Tatsachentheorie in großem Umfang gefällt wurden, dürfen und können keinerlei zeitlose Gültigkeit beanspruchen. Behält man in der literaturwissenschaftlichen Methode die Theorie der positivistischen Philosophen bei, dann ist eine wertende Haltung ausgeschlossen. Denn auch hier hängt der Inhalt des Begriffs «positivistisch» nicht an der Praxis der Literaturwissenschaftler allein – weil Scherer und Schmidt werteten, ist diese ihre Tätigkeit ein Ingredienz der Methode –, sondern an der in anderer Hinsicht von ihnen akzeptierten definitorischen Voraussetzung, daß nur das zu gelten habe, was eine positive, das heißt gegebene Tatsache, was rational nachprüfbar und unmetaphysisch ist. Jene Art von Werten aber, wie sie in der Praxis der positivistischen Literaturwissenschaft vorgenommen worden ist, basiert auf einem Gesamthintergrund, wechselweise gebildet von ethischen, ästhetischen, politischen und gesellschaftlichen Bedingungen, die unreflektiert, einer derzeitigen Ideologie gemäß mit eingegangen sind.

Idealistische Momente. – Legt man den Akzent auf die «idealistische» Seite der positivistischen Praxis, dann ist die Frontstellung der nachfolgenden Geisteswissenschaftler eine Frontstellung gegen die dieser Praxis zugrunde liegenden Philosophie des Positiven, nicht aber kann sie total gegen die wichtigen Repräsentanten der Literaturwissenschaft eingenommen werden. Denn diese Praxis hat eindeutig idealistische Momente ebenso wie die Persönlichkeiten ihrer Urheber. So war Scherer zum Beispiel fachlich einmütig mit dem Geisteswissenschaftler Dilthey befreundet und hat mit ihm gemeinsame Pläne ausgearbeitet[42]. Der Positivist Erich Schmidt ist in der «Preußischen Akademie der Wissenschaften» 1895 begrüßt worden als Befreier von zu engen Schranken – das heißt theoretischerseits zu engen Schranken des Positivismus: «Wir hoffen von Ihnen, daß Sie es verstehen werden, einerseits den Abwegen der sogenannten Goethephilologie, der Kleinmeisterei des Text- und Apparatewesens Schranken zu setzen, andererseits durch Klarlegung des

Kerns poetischer Produktionen und durch Vorführung der noch über der einzelnen Produktion stehenden Persönlichkeit der großen Meister, sowie durch Aufzeigung des großen Zusammenhangs in der Weltliteratur die Wirkung unserer Literatur zu vertiefen und zu adeln[43].» Und der Positivist Taine beklagt den Mangel an «allgemeinen Ideen», rügt die engstirnigen positiven Wissenschaftler in England, denn sie läsen sich wie «Berichte von einem Kongreß von Fabrikbesitzern; alle diese Gelehrten bestätigten Einzelheiten und tauschten Rezepte aus. Es war mir, als hörte ich Werkführer, die sich geschäftig ihr Verfahren beim Gerben des Leders und Färben der Wolle mitteilten: die allgemeinen Ideen fehlten[44].» Die geisteswissenschaftliche Kritik muß sich statt dessen gegen die materialistischen und empiristischen Grundlegungen in der positivistischen Theorie gewandt haben, sonst sind derartige Distanzierungen wie etwa die von Voßler nicht erklärbar: «Sobald in einem Wissensgebiet der Positivismus Trumpf wird, ist ‹wissenschaftlich arbeiten› auch für das flacheste Gehirn keine Kunst, für den wissenschaftlich Veranlagten aber wahrhaftig keine Freude mehr[45].» In dieser emotionalen Weise wurde die Anti-Stellung gepflegt, ohne zu bemerken, daß zwischen den antagonistisch gesehenen Methoden viel Gleiches besteht, das aus der relativ gleichen gesellschaftlich-geschichtlichen Lage resultiert.

Verifizieren. – Ganz empirisch, ohne jeden metaphysischen Zusatz, ohne jegliches subjektive Moment könne der Literaturwissenschaftler vorgehen, wenn er sich die Anschauungen des Neo-Positivismus zu eigen macht, wenn er das dort explizierte Verifikationsprinzip als Maßstab setzt: die Tatsachen des Dichterlebens etwa sind festzustellen, in Sätzen abzubilden, ebenso diejenigen der Entstehungen der Werke, soweit Daten und Entwicklungen in den Selbstzeugnissen der Dichter gegeben sind, die tatsächlichen Formstrukturen sind abbildbar, nachdem sie auf statistische oder strukturalistische Weise ermittelt worden sind. Das alles ist «verifizierbar», das heißt für jeden objektiv nachprüfbar, jede diese Tatsachen transzendierende Aussage, jede Hypothese sei sinnlos. Auch eine Verbindung zwischen den getrennten Tatsachen, ein Beziehen der Lebensfakten auf die des Werkes, ein Auslegen der Werksätze als Hinweise auf das Leben oder auch nur als Hinweise auf Gemeintes ist in strenger Konsequenz unzulässig. Die Funktionalität ist hier ausgeklammert. Um Beziehungen und Komplexe aus den einzelnen Faktenelementen herzustellen, müßte man wieder auf das Elementensystem von Mach zurückgreifen. Aber laut den Überzeugungen des Neopositivisten Wittgenstein (1889–1951) ist das Interpretieren schon darum sinnlos, weil verschiedene Auffassungen, also verschiedene Sätze, die diese Auffassungen abbilden, über einen und denselben Gegenstand möglich sind. Das Verifikationsprinzip schränkt die Arbeit ein, wenn es auch ein positivistisch exaktes Vorgehen garantiert. Aber selbst der so streng auf Verifikation bedachte Wittgenstein sieht später die Notwendigkeit einer Ausweitung. Aus seinen *Philosophischen Untersuchungen* (1935–1949), in denen er einer mehr intuitionistischen Arbeitsweise das Wort redet – «Denk nicht, sondern schau!» heißt es da[46] –, läßt sich folgendes Denken exerpieren: «Würden wir die Sprache nicht mißverstehen, und wie eine Art intellektueller Übermenschen, die Aufgabe oder die Funktion, die die Sätze der Sprache in den verschiedenen Zusammenhängen ausüben, niemals mißdeuten, und niemals das eine Sprachspiel mit dem anderen vermischen, so wären philosophische Probleme etwas Unbekanntes[47].» Und ebenso literaturwissenschaftliche Deutungsprobleme. Daß dies Mißdeuten anerkannt wird, dem Spiel-Wesen der Sprache entsprechend gesehen wird, hat zur Folge, daß Interpretation auch auf dem Boden positivistischer Philosophie als möglich erachtet wird.

Geistesgeschichtlich – in dieser Wortkombination sind die beiden wichtigen Pole dieser Methode benannt. Denn die Überzeugung ist, daß sich der Geist im Ablauf der Geschichte innerhalb verschiedener Medien manifestiert: Philosophie, Religion, Recht, bildende Kunst, Musik und schließlich Literatur. Eine Wissenschaft von der Geschichte des Geistes kann alle Auswirkungsgebiete berücksichtigen. Die Methode, die wesentlich von Philosophen erdacht worden ist, hat sich speziell im Gebiet der Literaturwissenschaft ausgebreitet, von wo aus man in die anderen Gebiete hinübersieht.

Begriff «Geist». – Der Begriff «Geist» ist derart komplex, daß die Literaturwissenschaft ihn nach vielerlei Seiten interpretieren und verwenden konnte: Geist ist alles, was dem Anspruch des Innen genügt im Unterschied zum Außen des sinnlich Wahrnehmbaren; jeder Vorgang im Menschen ist «Geist», unabhängig davon, in welchen Schichten oder Instanzen er sich vollzieht. Nur unter dem Einfluß des Neukantianismus wird «Geist» enger gefaßt, so daß Heinrich Rickert (1863–1936) gegen das Seelische im Geistverständnis Diltheys opponierte. Bei ihm und Eduard Spranger, der mit seinem Aufsatz «Was heißt Geistesgeschichte?» 1937 in die Diskussion eingriff, wird «das Geistige scharf vom Seelischen getrennt»[1], indem unter Geist nur das gefaßt wird, was allein «unsinnlich verstehbar» ist, «und was dem Leben Bedeutung und Sinn verleiht»[2]. Daß sich die Literaturwissenschaft hier anschließen konnte, war bei dem großen seelischen Anteil ihrer Gegenstände fraglich; daher hielt sich die geistesgeschichtliche Lehre an keine festen Begriffsgrenzen.

Obschon erst das Jahr 1906 mit dem Erscheinen von Wilhelm Diltheys (1833–1911) Schrift *Das Erlebnis und die Dichtung* als das Jahr gilt, in dem sich die Geistesgeschichte «überzeugend als Führerin einer neuen Richtung der Literaturwissenschaft dokumentierte»[3], hat diese Methode weit zurück ihre Vorgeschichte. Schon 1769 nannte Herder das *Journal meiner Reise* eine «Geschichte der menschlichen Seele», und hier wie später kann «Seele» für «Geist» genommen werden. Die Kombination «Geistesgeschichte» ist bisher zuerst bei Friedrich Schlegel nachgewiesen worden[4].

Einheit, Synthese. – Und hier ist auch schon ihr wichtigster Gedanke formuliert, der von der Einheit aller geistigen Objektivationen.

Dieser Einheit entsprechend sollen auch die Wissenschaften des Geistes miteinander verbunden werden, einer Synthese im Primären soll diejenige im Sekundären, in den betrachtenden Wissenschaften folgen. Schlegel schreibt in seinem *Athenäum* 1800: «Philosophie und Poesie, die höchsten Kräfte des Menschen, die selbst in Athen jede für sich in der höchsten Blüte doch nur einzeln wirkten, greifen nun ineinander, um sich in ewiger Wechselwirkung gegenseitig zu beleben und zu bilden.» Auf ein solches Verhältnis beziehen sich die Absichten Diltheys, der 1867 an seinen Freund Scherer über den Plan einer Zeitschrift schreibt: «Nur indem Arbeiten aus verschiedenen Gebieten sich ergänzten, man aufeinander sich beziehen könnte, träte endlich einmal ein allgemeines Studium der Geisteswissenschaften hervor, ungesondert durch Fakultätsunterschiede, es zeigte sich, wie hier eigentlich die Untersuchungen ineinandergreifen[5].» Für Dilthey blieb es bei dem Plan dieser Verbindung. 1878 erschien eine annähernde Ausführung einer solchen Absicht in Gestalt der *Geschichte der deutschen Litteratur im 18. Jahrhundert* von Hermann Hettner, in der versucht wurde, die Betrachtung der Literaturbeziehungen über die eigenen Fachgrenzen hinaus zu erproben, so daß die späteren Geistesgeschichtler in der Neuauflage von 1928 die ihren Auffassungen gemäße Tendenz zur synthetischen Schau des Geistes schätzten. Hettner setzte Literatur- neben Geschichtskapitel, neben Religionsvorführungen, philosophische Referate und staatsrechtliche Darbietungen. Noch aber sind die Verzahnungen mangelhaft, der «allgemeine Geist» tritt nicht auf. Die potentielle Zeitschrift Diltheys ist erst 1923 von Erich Rothacker und Paul Kluckhohn als *Deutsche Vierteljahrsschrift für Literaturwissenschaft und Geistesgeschichte* verwirklicht worden, wobei «Geistesgeschichte» das übergeordnete methodische Moment bezeichnet. Neben Literaturforschern kommen Philosophen, Kirchenhistoriker, Historiker, Soziologen, Altphilologen zu Wort. Die Verbindungen zwischen den verschiedenen Disziplinen sind allerdings häufig erst vom Leser zu realisieren, doch kommt es den Begründern gerade auf diese Verbindung, auf die synthetische Form der Wissenschaft an.

Ganzheit. – Das Ziel sind Synthese und damit Ganzheit, Zusammenhang – ein beliebter Begriff bei Dilthey u.a. –, Totalität; freilich eine, die sich auf die geistigen Oberbereiche der schöpferischen Werke beschränkt, Totalität eines Ausschnitts also. Fast alle wesentlichen Einzelmomente der Methode lassen sich auf dieses Zentralmoment beziehen. Man setzte sich damit ab gegen die vorwiegend analytisch erscheinende Auffassungsweise des Positivismus. Dort wurde ein Ganzes, der Lebens- oder Werkzusammenhang zerlegt, sie waren Ausgangspunkt, während sie nun *Ziel* jeder Untersuchung zu sein haben. Die Prädikate subjektiv und objektiv werden vertauscht: «Die einseitige literarhistorische Analyse ... ist unsachlich und subjektiv, weil nur die synthetische Literaturauffassung objektive und wahrhaft geschichtliche Gesichtspunkte und Maßstäbe für die Würdigung auch der literarischen Einzelerscheinung zu bieten vermag, weil erst im Blick auf die großen Zusammenhänge für die einzelnen Glieder der Entwicklung ... die rechte Perspektive gewonnen werden kann[6].» Auf den einen einheitsstiftenden «Geist» bezogen, ist Ganzheit mit einem metaphysischen Ingrediens getränkt, das Irrationale des Ganzheitstopos, durch die Lebensphilosophie verstärkt, fließt mit ein. Erstens soll der Forscher als ganzer Mensch beteiligt sein: «Das auffassende Vermögen, welches in den Geisteswissenschaften wirkt, ist der ganze Mensch; große Leistungen in ihnen gehen nicht von der bloßen Stärke der Intelligenz aus, sondern von der Mächtigkeit des persönlichen Lebens[7].» Der Wissenschaftler sei eine Verbindung von Intelligenz- und Erlebnispotential. Dabei darf er den eigenen Lebenszusammenhang nie aufgeben, Analysis darf nur stattfinden auf der Grundlage eines im Zusammenhang Erlebten. Und zweitens ist jede Dichtung als Ganzheit zu verstehen, kein Ausschnitt als Spiegel eines Ausschnitts der Wirklichkeit. Ein Relationsverhältnis zur Wirklichkeit wird nicht gesehen; Dichtung sei keine Nachahmung, sondern freie Schöpfung und hat als solche in jedem Falle ihre eigene Art in sich, bildet eine eigene totale Welt. Diltheys für die Geistesgeschichte maßgebliche Anschauung: «Die Poesie ist nicht die Nachahmung einer Wirklichkeit, welche ebenso schon vor ihr bestände (...) das ästhetische Vermögen ist eine schöpferische Kraft zur Erzeugung eines die Wirklichkeit überschreitenden und in keinem abstrakten Denken gegebenen Gehaltes[8].» In dieser Annahme völliger Eigenständigkeit steckt potentiell der Keim zu der von jeder äußeren Gegebenheit absehenden Erkenntnisweise, zu der isolierend betrachtenden Methode, die von hier anknüpfenden Denkern gutgeheißen wird. In der geistesgeschichtlichen Methode bleibt die Totalität eines Kunstwerkes immer noch gebunden in die umfassendere Totalität der geistigen Welt überhaupt; jede Ganzheit hat wieder eine über- oder mitgeordnete Ganzheit um sich, und diesem Monismus der geistigen Welt würde eine Isolierungsmethode widersprechen.

Geist und Geschichte. – Geistesgeschichtlich: «Geist» ist gesagt und damit gezielt auf den ideellen Überbau, die Fakten des realen Unterbaus sollen höchstens in dienenden Funktionen anerkannt werden. «Geschichte» ist gesagt und damit die Anschauung fixiert, daß dennoch nicht rein ideell und abstrakt vorgegangen werden soll, sondern am historischen Material, in der Zeit, «geistesgeschichtlich» meint also prinzipiell eine Verbindung des Ideellen mit dem Realen. Aber bereits aus der zentralen Betonung der Einheit und Ganzheit geht hervor, daß das geschichtliche Moment nicht einmal innerhalb der geistigen Objektivationen die Bedeutung hat, die es dem Namen «Geistesgeschichte» nach zu haben scheint. Geschichtlicher Wandel, Bewegung, Veränderung stehen der Geist-Synthese-Schau im Wege. Außerdem hat man die Positivisten mit ihrem an Materialismus grenzenden Geschichtsbezug als Gegenposition im Auge. Und doch gibt es geringe Akzentverlagerungen, so daß auch mehr historisch Denkende die geistesgeschichtliche Methode praktizierten, wie etwa Burdach und Kluckhohn. Bei ihnen kann statt von geistesgeschichtlich auch von «bildungsgeschichtlich» – ihr eigener Terminus – gesprochen werden. Als Vorgänger gelten Herder, die «Historische Schule» und auch die positivistische, sofern sie sich nicht allzusehr ins Stoffliche entfernte. Bei den reinen Geistakzentuierenden, die philosophisch auf Hegel basieren und deren Wirken in Rudolf Haym, Karl Rosenkranz, Kuno Fischer, Karl Voßler, Rudolf Unger repräsentativ vertreten ist, kann man statt von geistesgeschichtlicher auch von «idealistischer» Methode sprechen. Das Ideeorientierte überwiegt zuweilen derart, daß eine Darstellung der übergreifenden Ideen ohne jede Nennung von Dichtern oder Ideeurhebern, das heißt aber ohne Fixierung an konkret geschichtliche Personen, möglich wird. Dilthey nimmt eine Zwischenstellung ein. Er gilt zwar als Hauptbegründer der geistesgeschichtlichen Methode im Ganzen, als der große Revolutionär, der die «größte und eindrucksvollste Revolution in der Geschichte der Literaturwissenschaft» durchführte[9], und er wird als solcher immer für den ahistorischen, subjektivistischen Standpunkt der Methode verantwortlich gemacht, aber doch kann die Meinung vertreten werden, daß gerade er bei aller idealistisch gesonnenen und lebensphilosophisch getriebenen Einstellung auch ein historischer Kopf ist. Seine frühe Freundschaft mit Scherer – wobei sich erneut die Frage stellt, ob Scherer seinerseits nicht gar so unidealistisch war –, seine genauen geschichtlichen Forschungen, seine Ambitionen, den psychischen Vorgängen in ihren realen Entstehungsprozessen nachzuspüren, alles dies zeugt von der pragmatischen Seite ihres idealistischen Urhebers. Nie würde Dilthey einer zeitenthobenen Betrachtung der Ideen in der Betrachtung der Ideen in der Literatur zugestimmt haben, viel zu sehr ist er mit eigenem Erleben und Leben am Erlebnis und Leben in den Dichtungen beteiligt, nie gibt ihn das Empfinden frei, daß Dichter und Werke zeitliche Dinge sind und lediglich am Überzeitlichen teilhaben. Darin besteht gerade für ihn ihre Antinomie und spezifische Zwischenstellung zwischen Sein und Denken, Realität und Idee. Er hat den Widerspruch bestehen lassen zwischen Übergeschichtlichkeit der Ideen, der immer gleichbleibenden Bedingungen im menschlichen Subjekt und der geschichtlichen Abhängigkeit und Relativität. Beides ist bei einer literaturwissenschaftlichen Arbeit, die «geistesgeschichtlich» vorgehen will, zu berücksichtigen. Allgemeine, zeitlose Gesetze des Geistes, verbunden mit speziellen Ausformungen der historischen Bedingtheit: «Sonach ist das Studium der Geschichte dichterischer Werke und der nationalen Literaturen an zwei Punkten von dem des geistigen Lebens überhaupt bedingt. Einmal fanden wir es nämlich abhängig von der Erkenntnis des Ganzen der geschichtlich-gesellschaftlichen Wirklichkeit. (...) Wir fanden aber zweitens: die Natur geistiger Tätigkeit, welche diese Schöpfungen hervorgebracht hat, wirkt nach den Gesetzen, welche das geistige Leben überhaupt beherrschen. Daher muß eine wahre Poetik, welche Grundlage für das Studium der schönen Literatur und ihrer Geschichte sein soll, ihre Begriffe und Sätze aus der Verknüpfung geschichtlicher Forschung mit diesem allgemeinen Studium der menschlichen Natur gewinnen[10].» Eine Verknüpfung jeder Einzelwissenschaft mit «dem Ganzen der geschichtlich-gesellschaftlichen Wirklichkeit» wird gefordert[11].

Materielles und Ideelles, Objektzugewandtes und Subjektzentriertes halten sich so die Waage, denn «die Sonderung der philosophischen Betrachtungsweise der geschichtlich-gesellschaftlichen Wirklichkeit von der positiven ist die verderbliche Erbschaft der Metaphysik[12].» Hier ist deutlich im begründenden Ansatz der Geistesgeschichte vereint, was in ihrer späteren Entwicklung auseinanderzufallen droht: Geist plus Geschichte.

Positivismus und Geistesgeschichte. – Wenn man im historischen Gang der Literaturwissenschaft gern ein dialektisches Umschlagen vom Positivismus zur Geistesgeschichte sieht, könnte man sich dabei auf ausdrückliche Verneiner des Positivistischen, wie vor allem Karl

Voßler, auf Friedrich Gundolf, den Antihistoriker, und die George-Schule berufen, nicht aber auf Dilthey oder auf die ihn weiterführenden Wissenschaftler. Eine begriffliche Gegenüberstellung, ein Vergleich der beiden Haltungen positivistisch – geistesgeschichtlich wirft Licht auf die Verschiedenartigkeit und Abhängigkeit der zeitlich Späteren.

Positivistisches Denken	*Geistesgeschichtlich-idealistisches Denken*
Sein, das sich in Literatur spiegelt	*Denken*, das die Literatur schafft
Wirklichkeit, die der Literatur vorausgeht	*Idee*, die in der Literatur erscheint
Geschichtliche Tatsachen	*Überzeitliches* Wesen
Immanenz, die Literatur als Teil des Diesseits bestimmt	*Transzendenz*, die Literatur als Metaphysikum bestimmt
Erfahrung des Gegebenen	*Geist* als Schöpferisches
Notwendigkeit und *Kausalität*, die Literatur determinieren	*Freiheit*, die Literatur autonom sein läßt

Aus diesen Anschauungen resultierende Verfahrensweisen:

1. *beschreiben* und dann *erklären*	*verstehen auf der Basis des Erlebens*
2. *Rückbeziehen auf das Biographische*	*Isolieren der Werksphäre*
3. *rationale Analyse*	*intuitive Synthese*
4. *Induzieren*	*Deduzieren*
5. *Hinwendung auf das Objekt* als Gegebenes	*Bedeutung des Subjektes*, des personalen Bewußtseins
6. *lineares Denkmuster*, das *Ketten* zeigt	*zyklisches Denkmuster*, das *Strukturen* zeigt

Diese Art schematisierender Tabelle gehorcht durch die Gegenüberstellung zum historisch Früheren einer Methode selbst einer geistesgeschichtlichen Methodik und bleibt damit ihrem Thema verhaftet, sonst möchten sich die Geistesgeschichtler gegen eine tabulierende Festlegung ihrer freiheitlichen Vorstellungen sträuben. Da das, was hinter den idealistischen Entscheidungen steht, in philosophischen Abhandlungen hinlänglich ausgebreitet ist[13], geht es hier im Methodenaufweis wesentlich um die Verfahrensweisen. Es sei einiges Rubrizierte näher umschrieben:

Zu 1. und 2.: statt Erklären: das Erleben, das «Verstehen» begründet; sodann die anti-kausale, antibiographische Methode: Entgegen der positivistischen Art, literarische Werke erklären und herleiten zu können, setzte man die These von der Irreduzibilität.

Antibiographie. – Derselbe Ursprung, der im Positivismus gerade den möglichen Gang rückwärts in die Entstehung bot, das sogenannte Erlebnis des Dichters, wurde jetzt Gewähr für die Unrückführbarkeit. Dabei mußte die Begriffsbestimmung «Erlebnis» verändert werden. Indem die freiheitlich schaffende und ändernde Phantasie bei den Untersuchungen mit zu durchleuchten war, wurde die feste kausaliter fortschreitende Kette vom Biographischen zum Werk gelöst. Eben durch das dichterisch manifestierte Erlebnis wurden Leben und Werk zwei getrennte Ebenen, für deren Niveauunterschied keinerlei rational geknüpfte Strickleiter mehr hinreichte. Die Trennung von den Naturwissenschaften wird damit vollzogen, so daß die Geisteswissenschaften zum ersten Mal eine eigene autonome Bedeutung von Wissenschaft beanspruchen. Obwohl dieses Trennen von Werk und Leben der Vorstellung von «Lebenszusammenhang» nicht gerecht wird, hat sich das literaturwissenschaftliche Ausrichten allein auf das Werk in dieser Methode weitgehend durchgesetzt; es ist nach den ideologischen Voraussetzungen nur konsequent – ideologisch hier so verstanden, daß die ideellen geistigen Bewegungen ohne Beziehung zu den konkreten Bewegungen in der historischen Realität gesehen werden sollen. Im Zuge der wachsenden Vorliebe für Wirklichkeitsentferntes hat man den Lebenszusammenhang anders interpretiert, ihn auf das geistige Leben reduziert. Biographie ist dann als etwas Tatsächliches für die verstehende Begegnung irrelevant. Selbst ein Anhänger der Geistschule, der Dichter Rudolf Borchardt, mußte seinen Ärger über dies Antibiographische artikulieren, als er sein eigenes Leben beschreiben wollte. 1927 äußert er: «... man kann kaum mehr ein Buch öffnen, das eine geistige Person zum Gegenstand hat, ohne der polemischen Verwahrung zu begegnen, daß die Betrachtung natürlich von den biographischen Momenten absehen werde, und sich ausschließlich auf das vermeintliche Werk und das vermeintliche Wesen einrichte[14].»

Verstehen und Erkennen. – Auch das von den Naturwissenschaften übernommene Erkennen als rationaler Denkablauf wird zusammen mit dem Erklären aus Biographischem als unzureichend erachtet.

Verstehen statt bloßem Erkennen ist notwendig, da das literarische Werk im Ganzen als ein transrationales Gebilde erscheint. Als Grundlage für dieses Verstehen dienen Erlebnis und Einfühlung. «Versenkung aller Gemütskräfte in den Gegenstand[15].» Bei Dilthey finden sich immer wieder neue Formulierungen, mit denen er den Begriff des Verstehens zu fassen sucht[16]. Grundlegend dabei ist die Überzeugung von der prinzipiellen Andersartigkeit der Geisteswissenschaften gegenüber den Naturwissenschaften, Geist ist anders zu rezipieren als Natur, Ideelles anders als Materielles. Dilthey sagt: «Diese Wissenschaften (die Geisteswissenschaften) haben eine ganz andere Grundlage und Struktur als die der Natur. Ihr Objekt setzt sich aus gegebenen, nicht erschlossenen Einheiten, welche uns von innen verständlich sind, zusammen; wir wissen, verstehen hier zuerst, um allmählich zu erkennen. Fortschreitende Analyse eines von uns in unmittelbarem Wissen und Verständnis von vornherein besessenen Ganzen[17].» Oder: «Die Natur erklären wir, das Seelenleben verstehen wir. (...) Der erlebte Zusammenhang ist hier das erste, das Distinguieren der einzelnen Glieder desselben ist das Nachkommende[18].» Statt «Zusammenhang» kann wieder «Ganzheit» oder das «Ganze» gedacht werden, so daß die Behauptung Oskar Walzels «Das Kunstwerk kann nur als Ganzes erlebt, niemals begrifflich erfaßt werden»[19], eben diese Linie des Verstehens innerhalb der geistesgeschichtlichen Methode weitergeführt, allerdings in eine extrem irrationale Art, während in Diltheys Vorstellung nur die Priorität geklärt worden ist, erst das Verstehen als Akt des ganzen Menschen und danach sehr wohl Analysis – «Distinguieren der einzelnen Glieder» – (vgl. o.) und rationales Erkennen. Dadurch bleibt in diesem Verfahren die Bedingung der Allgemeinverbindlichkeit gewahrt, die durch Walzels Nur-Erlebnis aufgehoben wird. Allerdings muß zugegeben werden, daß Dilthey an der Entwicklung ins Irrationale trotz des Versuchs, das rationale Analysieren als spezifisch wissenschaftliche Erkenntnisart zu retten, nicht unbeteiligt ist; immer hält er einen Rest zurück, «denn nie wird das Erkennen, welches in den Wissenschaften tätig ist, des ursprünglichen Erlebens Herr»[20]. Wenn also im Begegnen mit Literatur das Erleben das Frühere und Eigentliche ist, kann es in einer wissenschaftlichen Arbeit nie ganz übersetzt werden, der Literaturwissenschaftler muß sich mit gewissen Annäherungswerten seiner Untersuchungen begnügen. Das ist eine völlig andere Auffassung als diejenige strenger Positivisten oder Neopositivisten, die keinen Restbestand zugeben. Auch die marxistischen Grundlagen der soziologischen Methode haben mit ihrer durchgängigen Erkennbarkeit des literarischen Gegenstandes eine Antiposition bezogen.

Zu 3.: Intuitive Synthese. – Das bereits erwähnte methodische Moment der intuitiven Synthese statt rationaler Analyse ist mit dem skizzierten Überzeugungsbestand gegeben. Verdeutlichen läßt es sich noch an der geistesgeschichtlichen Auffassung von Sprache. Das Denken über dieses Literatur-Material bedingt das je andere methodische Verhalten. Für den Idealisten Karl Voßler etwa gibt es keine Lautgesetze, nach der sich Sprache historisch entfaltet. Er sieht den Sprachakt als jeweils neue und eigenschöpferische Tat des Individuums. Neue Sprachformen beruhen auf Intuition, auf dem Geist des Dichters, sie sind Verlautbarungen des Geistigen, das immer das metaphysisch Frühere sei. «Die Aufgabe der Sprachwissenschaft ist darum gar keine andere als die: den Geist als die alleinig wirkende Ursache sämtlicher Sprachformen zu erweisen[21].»

Der poeta-creator habe im schöpferischen Forscher seine Entsprechung. Intuitives Vorgehen verbietet die genaue Analyse des Vereinzelten, die Atomistik der positivistischen Ära gilt als unangemessen. Selbst der mehr historisch denkende Konrad Burdach treibt Sprachgeschichte mit bewußt unpositivistischen Grundsätzen: «Die neuhochdeutsche Schriftsprache ... läßt sich, gleich jeder lebendigen Sprache, niemals, ja sie am allerwenigsten, in ihrer Entstehung fassen, wenn man lediglich ihre Atome – die Laute – unter das Mikroskop nimmt. In der Totalität ihres realen Daseins, nicht aus den Abstraktionen lautlicher Prozesse, wird man ihr abhören und absehen, wo und als wessen Kind sie geboren ist und welcher Geist sie nährte[22].» Eine Statistik der Laute und Formen, wie sie heute gemäß einer statistischen Methode wieder aufgestellt wird, ist für dieses Ganzheits-Denken nur «ein Chaos sich wirr im Zickzack bewegender Linien»[23]. Den Zusammenhang, das «geistige Band» finde man erst im Geist (Voßler) oder im Gefüge der Syntax und Stilistik (Burdach), niemals in den einzelnen Teilen, wie Scherer meinte. Auch die geistesgeschichtliche Verslehre verdammt jedes Messen und Zählen, es sei viel zu singularisierend und verließe sich auf atomare Bestandteile. «Wissenschaftlich sind sämtliche positivistischen Definitionen des Verses falsch[24].» Für den Blick des Idealisten ist jeder Vers, wie die Sprache eines Dichters, ein Individuum, und für Individuen gibt es nichts, was durch Zählen auf einen gemeinsamen Nenner zu bringen wäre. Metrum und Rhythmus eines

Verses sind wie Takt und Rhythmus der Sprache im Ganzen als Emanationen des je einzigartigen Geistes zu sehen, und dieser ist zu untersuchen, was niemals durch Messen möglich sei. Voßler gibt mehrere Beispiele für die angeblich unsinnige Aufstellung übergreifender rhythmischer, auf meßbarer Basis erstellter Gesetze.

Zu 4.: Deduzieren. – Wenn man intuitive Schau einer Ganzheit als der literarischen Kunst allein angemessen propagiert, folgt daraus, daß man das Deduzieren des einzelnen aus diesem erlebten Ganzen einem Induzieren aus Einzelteilen hin zu einem Ganzen vorzieht. Mit Deduktion ist aber nicht notwendig – wie in der Philosophie sonst üblich – ein Deduzieren von allgemeinen Ideen her gemeint.

Zu 5.: Bedeutung des Subjekts. – Dem auffassenden Subjekt werden in dieser Methode entscheidende Maßnahmen zuerkannt. Freiheit und Würde der Persönlichkeit zeichnen es aus und sind allgemeingültige Prinzipien. Sie gelten auch für die Sprache, in der ein Betrachter über Literatur spricht; der Mut zur je eigenen Sprechweise wird gefördert und unterstellt, daß keinerlei exaktes Abbilden eines Tatbestandes in der Sprache möglich sei. Das positivistische Vertrauen gegenüber einer Aussagbarkeit des objektiv Gegebenen weicht dem Zugeständnis, ja der Notwendigkeit, das Subjektive im individuellen Hinsehen zu Sprache werden zu lassen. «Die wahren Künstler der Sprache bleiben sich fortwährend des metaphorischen Charakters aller ihrer Worte bewußt[25].» Und Metaphorik heißt eine je eigene Bildlichkeit, eine Annäherung und Umkreisung des Gemeinten in immer singulär geschöpften Formen. Das Kennzeichen des Individuellen ist das geistig Allgemeine. Die Sprache Gundolfs etwa findet in solchen Gedanken ihre Rechtfertigung.

Zu 6.: Struktur. – Stärker ausgeprägt als je zuvor ist in der geistesgeschichtlichen Methode das Bestreben, Beziehungen, also Strukturen zu sehen. Struktur ist das neue Universalmittel: «Was ist Wille? Was ist Gefühl? Struktur ist alles»[26], sagt Dilthey. Struktur ist das Wirken der Totalität, die Erscheinungsform der Ganzheit. Eine genaue Bestimmung für den Gebrauch des Begriffes «Struktur» ist nicht möglich, da die verschiedenen Ausgangspunkte eine verschiedene Verwendung mit sich bringen. Im Groben ist immer ein gegliederter Zusammenhang gemeint, dessen Verbindungslinien es aufzudecken gilt. Das Entscheidende für die Abgrenzung gegenüber anderen Methoden ist, daß hier in der geistesgeschichtlichen ein Mikrohorizont die Struktur eines Gesamten abschneidet, daß alles, was in der außergeistigen Sphäre geschieht, nicht mehr in die «Struktur» einbezogen wird. Strukturlinien werden innerhalb von fünf Sektoren gezogen, von denen allerdings der erste eine Ausnahme in bezug auf den genannten Mikrohorizont bildet, da er sich auch dem positiv und konkret Gegebenen zuwendet, indem er empirische Daten einbezieht:

a) Stammeskundliche Strukturforschung. – Der stammeskundliche Sektor: Erbe, Heimat, Stamm und Landschaft werden mit Literatur verbunden. Das neue Ordnungsprinzip und Verknüpfungselement ist die Zugehörigkeit eines Dichters zu einer Landschaft und einem Stamm. Herausgestellt ist diese Art der Beziehungen zum ersten Mal von August Sauer[27], dann weitergeführt und differenzierter angewandt von Josef Nadler in seiner *Literaturgeschichte der deutschen Stämme und Landschaften* (1912–1918). Er ging von der geistesgeschichtlich intendierten Synthese der Wissenschaften aus, indem er meinte: «Was unsere letzte Sehnsucht sein soll, Anschluß der Geschichte des Schrifttums an die großen Ergebnisse verwandter, fördernder, vorausgesetzter Disziplinen[28].» Und dafür forderte er: «Raum und Zeit! Zum zweiten auch das erste![29]» Durchgehende Landschafts- und Stammesmerkmale sollen eine neuartige Gruppierung von Literatur und ihren Autoren ermöglichen. Eine «Wissenschaft der Literaturgeographie» wird begründet. Die «Gesamtheit aller Wirkungen, die zwischen Heimat und Abkunft spielen» (Nadler) soll zum Verständnis – bei Sauer, da er mehr noch dem Positivismus anhing, zur «Erklärung» – verzeichnet werden. Ethnographie und Ethnologie vor allem sind die fundierenden Wissenschaften dafür, Stammeskunde mit Hilfe der Geschichte, Charakterologien der Landschaften mit Hilfe der Geographie, Anthropologie, und im Engeren dann Genealogie der einzelnen Familien der Dichter, Erbforschung, Ansässigkeit der Vorfahren, Geschichte ihrer Ein- oder Auswanderungen. In diesen Sondervorbereitungen für die jeweilige stammesmäßige Anschauung hält sich der frühere – wenn auch jetzt erweiterte – positivistische Biographismus. Für Stämme hat man im Nationalsozialismus «Blut» und für Landschaft «Boden» setzen können und ist damit ganz abgerückt von den Anfängen der Geistesgeschichte.

b) Formale Struktur. – Die ästhetisch-formale Strukturforschung: Hier bedeutet Struktur ein Verknüpfen der Wissenschaft von der Dichtkunst mit jener der anderen Künste. Das Verknüpfungselement ist das ästhetisch Wahrnehmbare, die Form oder die Gestalt. «Der Philosoph geht auf das Innere, ich kehre die beobachtenden

Augen dem Äußern des Kunstwerks zu»[30], so sagt Walzel, einer der begründenden Formstrukturalisten. Die sinnlich künstlerische Erscheinung ist das Forschungsobjekt, das die Künste miteinander verbindet, denn es besteht zwischen ihnen ein Zusammenhang, indem die Umbildung der schöpferisch erlebten Möglichkeiten durch den aktiven Formwillen in gleichen Zeiten verwandt sei. Die Verstehenskategorien, die der Gestalt oder Form zukommen, sind für die verschiedenen künstlerischen Betätigungen nur graduell unterschieden, also modifiziert übertragbar. Walzel und Fritz Strich übertrugen Worringers[31] und Wölfflins Grundbegriffe der Kunstbetrachtung auf die Literatur. Worringers «Abstraktion» und «Einfühlung» bewirkten mehr eine psychologische Innenschau der schöpferischen Vorgänge, Wölfflins Stiltypen, die auf Sehtypen basieren, mehr die rein formale Betrachtung. Zur Rechtfertigung des Übertragens führt Walzel in seiner Arbeit *Wechselseitige Erhellung der Künste* (1917) außerdem an, daß es mit großen Vorzügen verbunden sei, «Scheidungen innerhalb einer Kunst durch Ausdrücke aus anderen Künsten» vorzunehmen. Um aber das Formale nicht zu isolieren, wird die Gestalt mit dem «Gehalt» in Beziehung gesetzt[32], und zwar so, daß dieser die Gestalt bedinge und doch das Erfassen der Gestalt die «eigentliche Voraussetzung der Bestimmung des Innerlichen» sei. Methodische Hilfsmittel, um den Zusammenhang von Innen und Außen zu begreifen, seien Vergleiche und Unterscheidungen des Formalen, das als Formwerdung bestimmter gleichbleibender weltanschaulicher Leitmotive das Miteinander-in-Beziehung-Setzen nahelegt. Betrachtung der literarischen Formen also korreliert mit anderen Kunstformen, das ist das eine Strukturmoment, das andere Betrachtung der Bezogenheit von Stoff und Form innerhalb der Literatur, ausgehend vom Formalen. Hier wird die spätere morphologische Methode, wenn auch auf veränderten weltanschaulichen Grundlagen, Vergleichbares zu sagen haben.

c) Ideengeschichtliche Struktur. – Es wird ideengeschichtlich Strukturforschung getrieben. Ideenzusammenhänge werden innerhalb der Literatur und vor allem mit der Philosophie hergestellt. Keineswegs sollen den philosophischen Systemen, den diskursiv schlüssigen Gedankengängen gleichartige Gebäude in den Dichtungen gefunden werden, auch keine Belege für die Geschichte der Philosophie. Der Vorwurf, daß es eine Methode sei, «welche die Literatur nur als Dokument und als Illustration benutzt»[33], trifft nicht, denn vielmehr kommt es darauf an, mögliche Einflüsse aus philosophischen

Werken und deren Umwandlungen zu konstatieren, wie es auch in umgekehrter Richtung von der Dichtung zur Philosophie erforschbar ist. Der «umfassende, gleichförmige seelische Zusammenhang»[34] ist zu ermitteln, gleiche geistige Grunderfahrungen, gleiche Ideen in Literatur und Philosophie. Dabei wird konsequenterweise das Ideelle mehr betont als bei der formal-ästhetischen Betrachtung, sollte aber theoretisch nicht losgelöst von den Gestaltfragen behandelt werden, denn es wirke eine «prästabilierte Harmonie zwischen Gehalt und Gestalt», so meint der sich an Dilthey anschließende Rudolf Unger. Da der *eine* Geist Gegenstand dieser Methode zu sein hat und Ideen und Stil, Stoff und Form aus ihm hervorgehen, müssen auch beide in einer der Theorie adäquaten Untersuchung berücksichtigt werden. Daß im Ganzen das Philosophische gegenüber dem Formalen vorherrscht, ist auch aus einer Abneigung gegen die Positivisten entstanden, denen man jeden philosophischen Sinn absprach.

d) Strukturpsychologie. – Es fällt die Untersuchung jenes Zusammenhangs unter die Leitung des Strukturbegriffs, auf den man besonders wieder durch Dilthey aufmerksam gemacht wurde, des Zusammenhangs der psychischen Geschehnisse. Der Positivismus wird dabei als antipsychologische Richtung verdrängt und der Grund für das Verstehen eines Dichters und seiner Werke in «dem lebendigen Zusammenhang der Menschenseele»[35] gesehen. Dilthey ist der Meinung, daß alle Systeme der Kultur aus diesem Zusammenhang hervorgehen und also ohne psychische Analyse nicht entschlüsselt werden können. Er schreibt an Scherer: «Ich bin von Arbeitsleidenschaft für die Psychologie so besessen, daß ich mich nur hüten muß, nicht drüber krank zu werden[36].» Und diese Arbeitsleidenschaft hat sich auf die Literaturwissenschaft ausgewirkt, indem hier die Erforschung des Seelenlebens virulent wurde. Und alle Dichtungen «enthalten Zusammenhang, weil Seelenleben ein Zusammenhang ist»[37]. Deutung der Dichtung ist gleichzeitig Seelendeutung, und da die Anlagen der Seele überall die gleichen sind, kann das Verständnis der dichterischen Psyche als Hilfe zum Verständnis des psychischen Lebens überhaupt verwendet werden.

e) Struktur der Probleme. – Das führte Rudolf Unger zu seiner speziellen Variante der Geistesgeschichte, zur «Problemgeschichte», die die vierte Möglichkeit von Strukturzusammenhang aufzeigt, bei dem als Verknüpfungselemente gelten: Schicksal, Religiosität, Verhältnis Mensch-Natur, Liebe, Tod, die Idee vom Menschen. Diese hat Unger als Elementarproblemfragen des Lebens aufgestellt, und anhand ihrer sollen die literarischen Werke untersucht werden. Dabei soll die Problemgeschichte objektiv und subjektiv zugleich sein, das heißt sie soll die Probleme in ihrem sachlichen Zusammenhang an sich und in ihrer je individuellen Ausformung betrachten. In seinem entscheidenden Aufsatz «Literaturgeschichte als Problemgeschichte, zur Frage geisteshistorischer Synthese» (1924) bezeichnet er als besondere Aufgabe der Literaturwissenschaft «die Auffassung der Literatur als einer Spiegelung der Entwicklung sachlicher Probleme», auf diesen Problemwegen komme die Literaturwissenschaft zu einer «neuen Art geistesgeschichtlicher Synthese». Synthese steht hier auch für «Struktur». Es wäre möglich, alle Strukturebenen mit ihren verschieden gelagerten Verknüpfungselementen in eine einzige Struktur hineinzunehmen, was aber auch eine Art struktureller Verbindung in der forschenden Exekutive, zwischen den Literaturwissenschaftlern verlangte.

Denkform des Zirkels. – In allen drei Strukturkreisen erscheint mehr oder weniger deutlich ausgeprägt die Denkform des Zirkels. Überall wird diese dem Irrationalen gefügigere Form dem Linearen vorgezogen. Seit Dilthey und Heidegger ist das Denken in Zirkelformationen wissenschaftsfähig geworden. Der sogenannte Diltheysche Zirkel, der sich auf das Verständnis eines Werkes bezieht, bei dem das Ganze nicht ohne die Teile, die Teile aber nicht ohne das Ganze verstanden werden können, dieser nach traditionell logischen Gesetzen fehlerhafte Schluß, setzt das formale Modell für das Verfahren der Geistesgeschichtler. Synthese und Analyse sind abwechselnd zu vollziehen, ihre jeweiligen Ergebnisse funktional voneinander abhängig.

Generelles und Individuelles. – Das gleiche Verhältnis besteht zwischen dem Allgemeinen und Besonderen, so daß generell und individuell bezogene Aussagen sich wechselweise steigern sollen. Burdach formulierte 1902: «Aller Geschichtsforschung Grundfrage ist: ‹Wie greifen Persönlichkeit und Gesamtheit ineinander?›[38].» Sie wird um so mehr zur problematischen Grundfrage, als durch die Synthesetendenz das Generelle bevorzugt wird. Wendet man den Blick nur ihm zu, dann treten Strukturen auf, die über das Abgestecktsein einer Dichterperson und oft über das Wissen der einzelnen hinwegziehen. Um die großen Zusammenhänge zu gliedern, wurde einmal eine Typen-Sehweise geschaffen, zum andern das Ordnungsprinzip der Epoche.

Typologie. – Typologische Konstruktionen sollten die Vielfalt gliedern helfen. Dilthey entwarf Weltanschauungstypen, Wölfflin

36

Sehtypen, Walzel die Unterscheidung zwischen einem gothisch-deutschen und einem goethisch-deutschen Typ, Fritz Strich traf eine typische Einteilung in Klassiker und Romantiker, Herbert Cysarz stellte synthetisch den Typ des «barocken Menschen» her und Ferdinand Josef Schneider den des «expressiven Menschen».

Epoche. – Ähnlich werden Epochenstile zusammengetragen, seien diese nun formal-ästhetisch oder ideengeschichtlich fundiert. Benno von Wiese spricht in seinem Aufsatz «Zur Kritik des geistesgeschichtlichen Epochebegriffes» (1933) von einer Synthese der Epoche. Er orientiert sich an Kants regulativer Idee und sieht in dem Epochebegriff lediglich eine Anschauungsform des Literarhistorikers, die keine Begründung in der gegebenen Literatur beanspruchen kann; Epoche sei nur eine heuristische Kategorie, «mit deren Hilfe der geschichtliche Zusammenhang des Geistes interpretiert werden soll»[39]. Seine Kritik am voraufgegangenen Begriff ist die, daß man zuvor das Generelle als ein Phänomen der Sache selbst ansah, während es eben nur eine abstrahierende Erklärung als Hilfsmittel sein kann. Und doch muß Wiese zugeben, daß der Begriff aus der «nur schwer faßbaren Zweiheit» entsprungen ist, aus dem verallgemeinernden Denken des Forschers und den konkreten einzelnen Erscheinungen der Literatur zusammengenommen. Auch er hängt damit an dem zirkelhaften Ineinander von geistesgeschichtlichem Generellem und Individuellem, von Selbstinterpretation der Epoche und kritischer Interpretation des Betrachters. Dann sind «Aufklärung, Sturm und Drang, Klassik, Romantik nicht im antithetischen Rhythmus gesetzmäßig folgende Figuren»[40], wie es vor ihm spekulativ Strich und Arthur Hübscher gesehen haben, sondern sie fügen sich ineinander, wenn auch trotz dieses die scharfen Grenzen auflösenden Epochedenkens das Individuelle noch hintanstehen muß. Es tritt weiterhin die Struktur des Generellen auf, die laut Wiese ihre Berechtigung auch darin hat, daß das individuelle, völlig eigenständige Weltbild rar sei, die geistesgeschichtliche Bedingtheit, das Allgemeine dagegen mächtig. Typus und Epoche bleiben als Begriffe dieser Methode erhalten.

Und doch muß noch einmal auf die Spannung zwischen den Polen hingewiesen werden, denn sie ist eine langdauernde Erbschaft Diltheys, die er vor allem in dem ausgiebig adaptierten Buch *Das Erlebnis und die Dichtung* (1906) niederlegte: Das literarische Werk geht aus vom Erlebnis – das ist das Individuelle –, dieses wird umgestaltet durch die Tätigkeit der Phantasie, die «zweite Welt» entsteht, diejenige des Werkes, in ihr wird das Einzelerlebnis zum Symbol, dadurch mündet das anfänglich Individuelle ein ins Allgemeine. Der Betrachter eines Werkes hat beide Schichten im Blick. Dilthey selbst unternimmt eine solche Oszillation: Im Zuge der Allgemeinpsychologie sondiert er typologische Merkmale, im Zuge der Individualpsychologie geht er den einmaligen Erlebnislinien nach. In der Abhandlung «Goethe und die dichterische Phantasie»[41] alternieren allgemeine Passagen mit solchen über den speziellen Fall Goethe, und beides wird zusammengezogen, denn es gibt «kein Schicksal, welches nicht einzelner Fall eines allgemeineren Typus von Lebenswendungen wäre»[42].

Auch unter kultursoziologischen Aspekten ist die gleiche Spannung evident: Das Generelle der gesellschaftlichen Situation, die einen Typus menschlichen Verhaltens bedingt, im Wechsel mit dem Einmaligen der individuellen Existenz und deren abweichende soziale Bedingtheiten. Ferner erscheint der Aspekt des Gehaltes, wie er sich in der Problematik der Ideengeschichte spiegelt: Gesamtdarstellung einer übergreifenden Idee in ihrer zeitlichen Abfolge und in ihrer Gleichzeitigkeit[43]. Oder aber Einzeldarstellung der Idee in einem isolierten Dichtwerk, wobei mehr der subjektive Variantenreichtum in den Vordergrund tritt. In seinem Buch «Die Auffassung der Liebe» geht zum Beispiel, wie Kluckhohn über Kluckhohn sagt, der Autor «dem Verflochtensein des Erlebens des Einzelnen in die allgemeine geistige und seelische Struktur der Zeit und ihrer Anschauungen»[44] nach, so daß das Ideengeschichtliche mit dem Erlebnisgeschichtlichen gekoppelt wird. Immer sollte erst das Ineinander von Allgemeinem und Einzelnem zur wahrheitsabbildenden Darstellung führen. Für das unbekümmerte Ausgreifen des großen unpersönlichen Ideenschrittes liegt ein Beispiel in Walther Rehms *Experimentum Medietatis* (1940) vor. In dieser Arbeit werden binnen 37 Zeilen zehn Geisteszeugen – sechs beiläufig erwähnte nicht mitgerechnet – aus den verschiedensten Zeiten, ob Dichter oder Denker, zur Unterstützung von einem und demselben gedanklichen oder auch gefühlsmäßigen Phänomen zusammengeschart, eins «gemahnt» hier an das andere, so daß ein allgemeiner «geistes- und seelengeschichtlicher Vorgang» (Rehm) illustriert wird. Die Doppelnatur der Lebensprobleme, der Zusammenhang zwischen den objektiven immer sich gleichbleibenden Ideen und den subjektiven Abwandlungen dieser Ideen oder Probleme findet in einer solchen Betrachtungsweise keinen Widerhall.

PHÄNOMENOLOGISCHE METHODE

Terminologie. – Der Terminus «Phänomenologie» stammt aus dem Arbeitsgebiet der Philosophie. Hier hat er seine spezifische Ausprägung bei Edmund Husserl (1859–1938) und in dessen Nachfolge bei Martin Heidegger (geb. 1889) gefunden. Die Bezeichnung «Phänomen» und die auf sie gerichteten Begriffe «Phänomenologie» und «phänomenologisch» gelangen daher wesentlich bei philosophischen Problemen zur Anwendung. Da sie aber dort als Methodenbegriffe geschaffen sind – «Phänomenologie bedeutet primär einen Methodenbegriff», sagt Heidegger[1] –, also eine Zugangsart, eine Behandlungsweise kennzeichnen, können sie prinzipiell auf andere Wissenschaftsbereiche, etwa auf die Literaturwissenschaft übertragen werden. Das Dilemma dabei ist, daß Phänomenologie wie jeder methodische Zugriff aus dem Kontakt mit seinem Gegenstand erwuchs: Von Heidegger als Bezeichnung für die Zugangsart zum Sein übernommen, wurde er von Husserl als Zugangsart zum Gegenstand Bewußtseinsphänomen geschaffen. Demgemäß haben die Methoden bei beiden Philosophen je ihre eigenen Spezifika.

Bezieht man nun die phänomenologische Methode auf den Gegenstand Literatur, so muß sie sich Umänderungen gefallen lassen, die anfänglichen Begriffe können nur derivativ gebraucht werden. «Das Wort (Phänomenologie) gibt nur Aufschluß über das *Wie* der Aufweisung und Behandlungsart dessen, *was* in dieser Wissenschaft abgehandelt werden soll. (...) Formal berechtigt die Bedeutung des formalen und vulgären Phänomenbegriffes dazu, jede Aufweisung von Seiendem, so wie es sich an ihm selbst zeigt, Phänomenologie zu nennen[2].» Mit diesem vulgären, erweiterten und übertragenen Phänomenbegriff hat es die Literaturwissenschaft zu tun, insofern auch Dichtung einerseits etwas «Seiendes», wie Heidegger fordert, andererseits etwas das Husserlsche Bewußtseinsphänomen Widerspiegelndes ist.

Phänomen. – Phänomen heißt «Erscheinung», und im Bezirk der phänomenologischen Methode sollte dieser Terminus in dem von Heidegger umgrenzten Sinne des «Sich-an-ihm-selbst-Zeigens» begriffen werden. Das heißt: Die Sache zeigt sich an ihr selbst, sie tritt nicht durch etwas anderes in Erscheinung, der Betrachter kann sie nicht indirekt wahrnehmen, sondern so, wie sie ihm entgegensteht. Kein Kantisches An-sich, kein Dahinter, nichts, was durch das

39

Offensichtliche, durch die Oberfläche hindurch, erst erschlossen
werden müßte. «Man suche nur nichts hinter den Phänomenen; sie
selbst sind die Lehre»[3], so hatte bereits Goethe für sein naturkund-
liches Schauen den phänomenologischen Leitgedanken geprägt.

Phänomenologie. – Die Phänomenologie als Wissenschaft von den
Phänomenen wird von Heidegger im Rückgang auf einen ursprünglichen Sinn von Logos (logie) in engere Bedeutung gebracht: «Das
was sich zeigt, so wie es sich von ihm selbst her zeigt, von ihm selbst
her sehen lassen[4].» Das «von ihm selbst her sehen lassen» deutet
den Sinn von Logos aus, als Rede über eine Sache, und zwar so, daß
nur die Sache selbst in der Rede anwesend ist. «Der Titel ‹Phänomenologie› drückt eine Maxime aus, die also formuliert werden
kann: ‹zu den Sachen selbst!›[5].»

Übertragen auf die Literaturwissenschaft bedeutet das: Literatur
ist das «Phänomen». So, wie sie erscheint, wie sie sich dem Betrachter unmittelbar stellt, so ist sie. Die Literatur-Wissenschaft also als
Literatur-Phänomenologie hat sich nur diesem Phänomen, dem
literarischen Werk zuzuwenden. Und dies auf keinerlei Umwegen
über außerliterarisches Gelände, wie Tatsachenermittlungen aus
dem Umkreis des Werkes (Positivismus), Generationsgruppierungen
als Erkenntnishilfen, ideen- oder problemgeschichtliche Zusammenhänge (Geistesgeschichte), Vergleiche und Parallelen mit organischen Gebilden (Morphologie), Erkundung psychischer Prozesse im
Dichter (Strukturpsychologie), Zusammenhänge und Herleitungen
aus gesellschaftlich-geschichtlichen Faktoren (soziologische Methode). All dies sind für den phänomenologischen Blick Irrwege, die
Unwesentliches zitieren, das von der Sache entfernt, oder Schief-
heiten, die die Sache verfälschen. «Der Griff hinter das Gestalthaft-
Gegenwärtige ist ein Griff ins Leere – hinter dem Spiegel ist bekannt-
lich nichts. Nur und nur *im* Spiegel der künstlerischen Verwandlung
und Verklärung lebt das, was uns die Dichtung an Sinngehalt erschließt[6].»

Entstehungszeit der Methode. – Wie das Auftreten dieser Methode
in der Literaturwissenschaft geschichtlich zu verstehen und wann es
einzuordnen ist, ob als Reaktion auf die von anderen Wissenschaften
infiltrierte Literaturwissenschaft, ob als Flucht aus einer politisch
miserablen Lage, ob als Reaktion gegen das ideologie-überfremdete,
verfälschende Vorgehen im «Dritten Reich», ob das neue literaturwissenschaftliche Bestreben, oft vielleicht unbewußt, in die Schule
der Philosophie gegangen war, oder ob es sich um eine Stufe der Ge-

schichte des Bewußtseins handelt, ist hier nicht zu entscheiden und möglicherweise für die Prinzipien der Methode unwichtig zu wissen. Unter jeweils zugeordneten Aspekten betrachtet, können alle Faktoren an der Entstehung der neuen Sehweise beteiligt gewesen sein. Die Leistungen der philosophischen Denker waren jedenfalls zeitlich die früheren (Husserl zwischen 1910 und 1920, Heideggers *Sein und Zeit* 1927) ; die wie auch immer geartete Übernahme oder Aneignung der dort reflektierend entfalteten Denkmöglichkeit vollzog sich in der Literaturwissenschaft erst Ende der dreißiger Jahre des 20. Jahrhunderts. 1939 erscheinen sieben Aufsätze von Max Kommerell unter dem Titel *Geist und Buchstabe der Dichtung*. Es kommt dem Autor darauf an, die Aufmerksamkeit auf die Dichtung und nur auf sie, auf den Buchstaben genau, zu lenken. Die Einheit der verschiedene Themen behandelnden Aufsätze liegt in der phänomenologischen Betrachtungsweise: «Bei der Vielheit der ausgebildeten Methoden (...) scheint ein Zurückgehen auf das Einfachste, wenn auch nicht Leichteste, rätlich: auf das unbefangene Befragen des Gegenstands[7].» Heideggers Fortsetzung: «Zu den Sachen selbst». Nach dem Ende des Krieges, nach 1945, vermehren sich die phänomenologischen Arbeiten. Wolfgang Kaysers Buch *Das sprachliche Kunstwerk* (1948) und Emil Staigers *Die Kunst der Interpretation* (1955, der Titelaufsatz entstand 1951) sind stellvertretende Wegzeichen für viele Bemühungen um die neue Begegnungstechnik.

Werkimmanenz. – Kommerells «unbefangenes Befragen des Gegenstands» bedingt eine Abwehr jener Methoden, die ihre Kriterien außerhalb der Literatur fanden. Mit ihrer Hilfe war man bis dahin angeblich werk-transzendent verfahren, während jetzt das werkimmanente Vorgehen als allein adäquat erscheint: Zu den Werken selbst! Und gleichzeitig mit der Literatur sollte davon die Wissenschaft über sie profitieren; man hoffte, sie zu einer Selbständigkeit zu führen, wie sie bislang noch nicht erreicht worden war. Zwar hatten sich die Geistesgeschichtler zwecks Selbständigkeit von den Naturwissenschaften getrennt, waren jedoch in andere Abhängigkeiten philosophischer oder historischer Art geraten.Nun sollten die Ergebnisse der literaturwissenschaftlichen Forschung und deren Elemente nur dem eigenen speziellen Gegenstand entnommen sein, keinerlei anderen Disziplin verpflichtet. Im angelsächsischen Gebiet wird dies Eigenständige «intrinsic approach», innere oder innerliche Annäherung, oder auch «close reading» genannt, im französischen «explication des textes», Ausfaltung des im Text Gegebenen. Im deutschen Arbeitsgebiet sagt man «werkimmanente Interpretation», wobei Interpretation allerdings verengend als alleinige Möglichkeit auftritt, während nicht nur die Deutung des Gehaltes, sondern auch die Beschreibung anderer Werkeigentümlichkeiten, wie reine Laut- und Formphänomene, Kompositionsweisen, Metaphernbildungen usw. sich dem werkimmanent bleibenden, phänomenologischen Blick darstellen.

Reduktion. – Die methodischen Schritte, die zur Sache selbst führen, sind von den Philosophen folgendermaßen beschrieben worden: Das Objekt muß von dem es Umgebenden befreit werden, einzelne Faktoren sind auszuschalten, damit sein Selbst klar zutage trete. Husserl bezeichnet diesen Denkschritt als «Reduktion». Die Reduktion ist zweipolig anzusetzen, denn einmal betrifft sie den Gegenstand, zum anderen das Subjekt, das diesen Gegenstand erfassen will. An beiden Polen müssen Ausschaltungen vorgenommen werden, ehe das eigentliche phänomenologische Sehen anheben kann. Alles, was sich nicht selbst am Gegenstand zeigt (das Sich-an-ihm-selbst-Zeigende von Heidegger hat hier seinen Ausgangspunkt), ist in Husserls Sprache das den Gegenstand Transzendierende, und dieses muß eliminiert werden. Was danach übrigbleibt, ist das «Selbst» der Sache, und das ist ihr Wesen.

Phänomenologie als Wesensschau. – Die literaturwissenschaftlichen Methodenverfechter der Phänomenologie behaupten, daß mit ihrem Vorgehen das Wesen der Literatur erscheine, wie es vor ihnen genauso von Anhängern anderer Methoden behauptet worden war.

Reduktion am Objektpol. – Auf seiten des Objektes fallen unter das die Sache Transzendierende – immer an Husserl, der diese Reduktion am klarsten entfaltete, orientiert – erstens die Transzendentia des Raumes, des empirischen Ortes; zweitens diejenigen der objektiven Zeit; drittens werden alle Relationen auf ein empirisches Ich suspendiert, und viertens entfallen die Relationen auf geistige Beziehungsfelder, auf die ideelle Umgebung des Gegenstandes. Das bedeutet bei einer Übertragung auf die Arbeitsweise der Literaturwissenschaft: Erstens ist abzusehen von der Frage Wo?, von den Beziehungen eines Werkes auf seinen Raum, in dem es entstand oder den es widerspiegelt. Das Landschaftseigentümliche, wie es etwa für den Geistesgeschichtler Nadler relevant geworden war, außerhalb des Werkes sinnvoll scheinende Naturuntersuchungen, wie sie etwa bei Stifter oder Hamsun angebracht erschienen, sind zu unterlassen. Der mögliche Lokalgehalt und die geographisch bedingten Aussagen sind nicht als derartige zu deuten, sondern nur als Teile eines in sich abgeschlossenen Werkes, und das Wissen über sie muß dort seine fiktive Grenze haben, wo das Werk die seine hat. Zweitens ist abzusehen von der Frage Wann?. Die Entstehungszeit eines Werkes wird nicht untersucht, auch nicht – und das geht über das bloße Zeitmoment hinaus –, in welche zeitgeschichtlichen Funktionen das entstehende Werk eingeflochten war. Geschichte ist hinfällig, die außerwerkhafte Geschichte, sie ist weder im Wort noch in der aus Worten sich ergebenden Form des Ganzen direkt ablesbar, gehört also nicht zum Sich-selbst-Zeigen des Werkes. «Das Werk gehört als solches einzig in den Bereich, der durch es selbst eröffnet wird[8].» Drittens ist das Ich des Dichters als unwesentlich auszuschalten, seine Biographie, seine Lebensumstände, die möglicherweise lebensbegründeten Anlässe für sein Werk. Auch die psychischen Prozesse der Entstehung, die gesamte Psychologie als Hilfswissenschaft, werden beiseite gehalten. Das Werk ist nicht durch den Künstler das, was es ist, sondern eher ließe sich umgekehrt mit Heidegger sagen: «Wodurch aber und woher ist der Künstler das, was er ist? Durch das Werk[9].» Und dies, insofern das Künstler- oder Dichtersein vom Werk abhängig ist, das Werk daher nie durch Rückgriffe auf den rein kausalen Ursprung begreifbar gemacht werden kann. Viertens ist abzusehen von den geistesgeschichtlichen Daten, dem Entwicklungsstand dessen, was Geistesgeschichte, Sprachgeschichte, Bewußtseinsgeschichte genannt werden kann. Die Eingliederung eines Werkes in einen vertikalen oder horizontalen geistigen Zusammenhang ist, wenn er nicht explizite im Werk benannt wird, unzulässig, da mit ihr die Gefahr der Verfälschung des Geleisteten gegeben ist. Wertetiketten wie «original» und «epigonal» etwa sind, da nur einem Vergleich mit anderem entnommen, keine immanenten Kriterien. Oder das Deuten der Gedanken des einen Autors mit Hilfe der Gedanken eines anderen ist verfälschend, da wiederum die Grenzen des als abgeschlossene Sache vorliegenden Werkes überschritten werden.

Für jeden Arbeitsschritt, der Reduktion als Forderung anerkennt, gilt erst einmal die Devise: So viel ich sehe, so viel sage ich. Am Ende der streng durchgeführten Reduktion bleibt nichts als die «reine Selbstgegebenheit»[10]. Selbst ein zeitgenössischer Autor des Sozialismus, Peter Huchel, scheint eben dies als angemessen zu denken, wenn er zu einem seiner Gedichte meint: «Auch dieser Text will für sich selber stehen und nach Möglichkeit behaupten gegen seine

Interpreten, gegen etwaige Spekulationen, Erhellungen und Biographismen[11].» Die Reduktionsforderungen oder Abstraktionsforderungen, insofern abgesehen werden soll von etwas, setzen annähernd all das außer Kraft, was in anderen Methoden die alleinige Aufgabe des Forschers, zumal des Literar*historikers*, zu sein schien.

Reduktion am Subjektpol. – Nicht nur das literarische Werk als Betrachtungsobjekt wird freigelegt, auch das betrachtende Subjekt hat sich Entäußerungen zu unterziehen. Hier ist eine «radikale Vorurteilslosigkeit»[12] herbeizuführen. Der Betrachtende soll abstrahieren erstens von seinem Wissen; zweitens von allen vordem einmal gefällten Urteilen. Er verzichtet, wie der Husserl-Schüler Roman Ingarden (geb. 1893)[13] bemerkt, auf eine Anknüpfung an das bisher über diesen Gegenstand Erarbeitete, denn «eine solche Anknüpfung hat ja gewöhnlich zur Folge, daß der Leser vor allem auf die schon bestehenden begrifflichen Schemata eingestellt ist, wodurch die reine Erschauung der wirklich vorliegenden Sachlagen wesentlich erschwert wird»[14]. Selbst wenn das bisher Erarbeitete rein phänomenologischerweise erarbeitet gewesen wäre, also mit dem gewöhnlich «Wissen» genannten nichts gemein hätte, ist es zu vergessen. Daher sind auch an anderen Werken geschulte Epochenbegriffe und bereitgestellte stilistische Schemata zu negieren. Drittens soll der Betrachtende von allen subjektiv bedingten Gefühlen, allen Wünschen, persönlichen Tendenzen und Einstellungen absehen. «Das universale Inhibieren aller Stellungnahmen»[15] ist das methodische Mittel, eine reine Schau des Wesens zu erzielen. Jegliches Zusätzliche, das aus der Subjektivität stammt und nicht von der Sache her als notwendig zum Akt des Schauens dazugehört, ist zu unterbinden. «Das mit dem Schauen verflochtene Meinen, das vermeintliche Mitgegebenhaben, das Mitgedachte und eventuell das durch hinzukommende Reflexion Hineingedeutete»[16] lassen die Selbstgegebenheit nicht zutage treten, verschleiern das Wesen oder die Wahrheit. Was aber schon den Historikern schwerfällt, das Vergessen des eigenen Selbst, um die Dinge so zu sehen, wie sie wirklich gewesen sind – Leopold Ranke hat diesen Wunsch ausgesprochen –, das ist demjenigen, der sich Dichtung gegenüber sieht, einem Objekt, in dem ein menschliches Selbst in direkterer Vermittlung realisiert ist, noch weit schwieriger. Eine von allem Unwesentlichen, wozu auch die eigene Subjektivität zählt, isolierte Begegnung ist theoretisch klar formulierbar, praktisch stellt sie möglicherweise unerfüllbare Anforderungen an Disziplin und Konzentration: «Eine lange und strenge Schulung ist nötig, um das reine Schauen zu erlernen[17].» Der Philosoph Bocheński berichtet, jemand sollte einen roten Flecken auf der Wandtafel phänomenologisch beschreiben. Derjenige beginnt: «Ich sehe einen roten Flecken auf der Tafel. Dieser Flecken besteht aus kleinen Teilchen roter Kreide.» Bocheński bemerkt dazu: «Das ist nun schon nicht mehr phänomenologisch: daß dieser Flecken aus Teilchen von Kreide besteht, weiß der Student[18].»

Problematik der Reduktion. – Die radikale Abstinenz für Subjekt und Objekt wird bei komplexeren Realitäten, wie sie in literarischen Werken vorliegen, weit schwieriger als bei einem «Flecken». Max Kommerell hatte die Intention, seinen Gegenstand unbefangen zu befragen, aber doch trägt er in seinem Aufsatz über den *Faust* gleich zu Beginn das historische Wissen von der *Faust*-Entstehung, von Worten Goethes gegenüber Eckermann hinein und gibt damit der Untersuchung eine nicht allein vom Gegenstand her bestimmte Richtung. Selbst die Auswahl eines Untersuchungsobjektes bringt schon Bestimmungsmomente mit sich, die nicht nur im Objekt selber liegen. Teils sind sie subjektbedingt, teils durch die Lage der Forschung, durch die mangelhafte bisherige Information oder durch ein besonderes, neu entstandenes und allgemeines Interesse. Ein strenger Reduktionsgehorsam müßte aber noch anderes zu bedenken geben: Wenn nichts aus der Werksphäre, der Umgebung, und nichts aus der des Beschauers hinzukommen darf, eine andere Sphäre aber nicht angenommen wird, dann könnte die Arbeit über ein Werk nur in dessen steter Wiederholung bestehen: Die Rose ist eine Rose ist eine Rose ist eine Rose. Diese Undurchführbarkeit im Praktischen und die genannten Problemmomente, die einer reinen Schau entgegenstehen, haben ein theoretisches Moment in sich, das sie begründet, und auf das Husserl und in seiner Nachfolge Heidegger reagiert haben; Husserl mit seinem Gedankenkreis von der Intentionalität, Heidegger mit seinen Gedanken von der Auslegung. Beide erschließen Möglichkeiten, die über das Wiederholen eines Gegebenen hinausweisen, und beide argumentieren derart, daß sie dennoch im gedanklichen Ansatz der Phänomenologie verharren.

Intentionalität. – Immanente Deutung der Texte, Deutung als Weise der Erkenntnis von Texten – wie diese Aktivitas von einem phänomenologischen Betrachter geleistet werden soll, ist die Frage. «Deuten» bezieht sich auf einen Sachverhalt im Text, der seinerseits aus einem Deutungsvorgang besteht: Das Wort des Dichters deutet auf etwas Gemeintes, und aus diesem Deuten ergibt sich die «Bedeutung», die in der Interpretation vom Betrachter gedeutet, also in ihrer Bedeutung erkannt wird. Zwei Verweisungsbezüge stellen sich dar, einmal innerhalb des Textes, zum andern vom Forscher zum Text. Wenn nur das Sich-selbst-Zeigende gelten dürfte, dann wäre es auf seiten des Textes nur das Wort und auf seiten des Betrachters die Wirkung, beide nur als direkt Offenbare. Das im Text Gemeinte aber und das aus der Wirkung auf den Text hin Erschlossene oder Gedeutete wären sachtranszendent. Aus diesem Dilemma hilft Husserls Begriff von der «Intentionalität». Der intentionale Charakter eines Wortes, einer Sache ist gerade das Auf-etwas-Hindeuten, das Verweisen. Intention als Richtung auf etwas. Jedem Wort, jedem Satz eignet diese Intentionalität und nicht nur als äußeres Akzidens – das ist das Entscheidende –, sondern «Das-sich-auf-Transzendentes-Beziehen, es in dieser oder jener Weise meinen, ist doch ein innerer Charakter des Phänomens»[19]. Das Wort Transzendenz hat hier, wie überall in der Methode, keinerlei metaphysischen Inhalt, sondern ist reine Ortsbenennung: das Außerhalbliegende. Der intentionale Charakter erlaubt dann, das mit Worten Intendierte, das Gemeinte, zu bezeichnen. Und dieses Bezeichnen ist auf seiten des Betrachters ebenfalls ein Intentionales, das als Deuten zwischen ihm und dem Text hin- und herverweist. Das Gemeinte des Dichters bleibt dabei immer in strenger Abhängigkeit vom Text, hat als Funktion im Gesamtgefüge der dreigliedrigen Struktur (Wort, Bedeutung, Betrachter) kein eigenes Dasein, vom Wort ist lediglich ein Auf-etwas-Verweisen geleistet. Dadurch wird im phänomenologischen Ansatz der Gefahr begegnet, Gedanken einem Text zu entnehmen, sie von ihrem nur ihnen eigenen Wortlaut in diesem singulären Werk zu lösen, um dann mit ihnen als unabhängigen Denkgebilden zu operieren. Das Intendierte ist von der Wortgestalt unabtrennbar, eine Verbindung von Inhalt und Form, von Gehalt und Gestalt ist gegeben. Stellt man phänomenologisch den Gehalt einer Dichtung fest, so ist man gleichzeitig eingedenk, daß dieser bestimmte Gehalt nur mit diesem bestimmten Wortlaut und in dieser bestimmten Wortkombination gegeben ist. Ändert sich der Wortlaut, das Phänomen, so ändert sich damit die Intentionalität, die Richtung auf das Gemeinte, also auch das Gemeinte selber. Das Deuten des Betrachters kann analog diesem textimmanenten Verhältnis von Meinendem und Gemeintem seinerseits nur intentionaliter auf das Gemeinte hindeuten, der «Sinn» eines Werkes kann nicht extrapoliert werden. Andererseits ist der Betrachter, der Deuter, zu eigenen Wortfindungen berechtigt, die die Intentionsrichtung von ihm zum literarischen Werk kennzeichnen. Und diese wieder ist bestimmt von der textimmanenten Intentionalität. Für beide Prozesse wird nichts endgültig Fixiertes angenommen, sondern im Charakter des intentionalen Verweisens liegt eine mögliche Breite und Fülle der Deutung, der Bedeutung. Voneinander abweichende Deutungen und ihre Urheber können auf dem Felde des intentionalen Verhaltens der Phänomenologen koexistieren.

Vorstruktur der Auslegung. – Heideggers Lehre von der Hermeneutik, der Auslegung[20], bietet insofern Erweiterungen, als eine «Vorstruktur» des Auslegenden zugegeben, ja gefordert wird. Die in der existentiellen Methode integrierte «Stimmung» des Interpreten und die Vormeinung, die «notwendig in jedem Auslegungsansatz liegt»[21], werden auch von dem Phänomenologen aufrechterhalten. Diesen Verbindungspunkt zwischen existentieller und phänomenologischer Sicht umschreibt Max Kommerell, wenn er einleitend zu seinen Aufsätzen sagt: «Jeder Zug an einem Werk ist angewiesen auf Bedingungen des Deutens, die sich in irgendeinem Lebenden erfüllen[22].» Außer diesen existentiellen Vorbedingungen im lebenden Subjekt sieht Heidegger auch im Objekt Wesenszüge, die ihn bei dem Sich-selbst-Zeigen kein Genüge finden lassen.

Das Verborgene. – Dem Offenbaren des Phänomens stehe nämlich das Verborgene gegenüber: «Verdecktheit ist der Gegenbegriff zu Phänomen[23]». Und die Wahrheit oder das jeweilige Wesen, die im Kunstwerk realisiert sind, gehören «zunächst und zumeist» nicht zu dem Offenbaren, müssen also vom Auslegenden erst zu einem Phänomen im eigentlichen Sinne gemacht werden. In diesem Heideggerschen «Entbergen» des möglicherweise Verborgenen, Verdeckten, Verschütteten liegen die Ansätze zum aktiven Auslegen des Textes, eben zur Ausdeutung des intentionalen Charakters. Hier ist wie bei Husserl philosophischerseits die Rechtfertigung zur Deutung innerhalb des phänomenologischen Vorgehens erwiesen. Spricht man also bei dieser Methode von «immanenter Deutung der Texte»[24], so ist dies immanent anzureichern durch das Intentionale, das auf das Verborgene Weisende, womit dem Erkenntnisakt ein Element der bisher ausgeschalteten Transzendenz eingegliedert wird.

Beispiele. – Aus Staigers Aufsatz «Die Kunst der Interpretation» seien jene Teile über Mörikes Gedicht «Auf eine Lampe» zitiert, in denen Staiger den «unverwechselbar eigenen Stil» interpretieren will, das, was das Gedicht zum Schönen der Kunst bringt, «wie es in sich selber stimmt»[25]. Nachdem er zuvor zwecks historischer Einordnung und geistesgeschichtlicher Ortung Biographisches und Philologisches genutzt hat – es wäre ihm ein «barer Hochmut, sich beim Erklären von Sprachkunstwerken auf den Text beschränken zu wollen»[26], vielmehr beruhe «die Kunst der Interpretation auf dem ausgebreiteten Wissen, das ein Jahrhundert deutscher Literaturwissenschaft erarbeitet hat»[27] –, nachdem er also im Sinne allerlei anderer Methoden sein Objekt erhellt hat, will er nun für den Sektor des «Stils», der ihm das Gesamte aller die Individualität ausmachenden Momente und der Träger des Kunstschönen ist, phänomenologisch vorgehen:

«Wenn dem Dichter sein Werk geglückt ist, trägt es keine Spuren seiner Entstehungsgeschichte mehr an sich. Dann ist es künstlerisch sinnlos, zu fragen, ob dies von jenem abhängig sei. Eines schwingt gelöst im andern, und alles ist ein freies Spiel. Sagen wir es ganz allgemein: Die Kategorie der Kausalität ist nichtig, wo makellose Schönheit als solche verstanden werden soll. Da gibt es nichts mehr zu begründen. Wirkung und Ursache fallen dahin. Statt mit ‹warum› und ‹deshalb› zu erklären, müssen wir beschreiben, beschreiben aber nicht nach Willkür, sondern in einem Zusammenhang, der ebenso unverbrüchlich und inniger ist als der einer Kausalität. (...) So fällt mir auf, wie Mörike die Zeilen gliedert. Die Versabschnitte decken sich meist mit denen des Sinns, sind also durch Punkt oder Komma markiert – indes nicht immer; zweimal schließt die Zeile nicht mit einem Satzteil. (...) In einem so kurzen und mit so großer Vorsicht erwogenen Sprachkunstwerk gewinnen solche Übergänge eine bedeutende Qualität. Sie verschleiern ein wenig die Gliederung, die unter der Hülle doch sichtbar bleibt. Ähnlich gliedert sich das Ganze. Man glaubt zunächst, es sei in Gruppen von drei Zeilen aufgeteilt. Die ersten drei Zeilen füllt ein Satz...[28]»

Hier sollte beschrieben werden, und beschreiben kennzeichnet die phänomenologische Haltung. Staiger nimmt sie ein. Da Stil für ihn das Gesamt aller Einzelfaktoren bedeutet, mußte er nicht nur die reine Form, das, was ihm schauend widerfährt, beschreiben, sondern fühlte sich berechtigt, den Sinn, das Gemeinte, etwa den «sententiösen Gehalt» mit hineinzunehmen. Das ist – wie wir wissen – phänomenologischerseits durch das Intentionale der Worte und durch die eingestandene Vorstruktur des Verstehens gebilligt. Aber noch mehr ist hier von seiten des Betrachters beigetragen: Das Wissen um die «klassische Form», das Wissen darum, was eine

«Sentenz» ist, was Symmetrie, was Schönheit, was überhaupt ein Vers; alle diese Klassifizierungen werden von Staiger unternommen[29], und es ließen sich noch elementarere Begriffe nennen. Überhaupt sind Begriffe schon etwas, das nicht im Gedicht selber enthalten ist, vor allem soweit sie zur Wertung benutzt werden sollen.

Hier sieht man die erwähnte Schwierigkeit, ja Unmöglichkeit, die rein schauende deskriptive Haltung zu bewahren. Wo ist die Grenze dessen, was im Text selbst angeboten wird und was das Bewußtsein Emil Staigers mitbringt? Wo deutet man nur das Intentionale aus und wo löst man sich in den Begriffen vom Gedicht?

Dialektik im Beschreibungsvorgang. – Wenn die Naturwissenschaft die These aufstellt, daß eine absolute Trennung zwischen erkennendem Subjekt und seinem Objekt gar nicht statthaben kann, wenn das zu erkennende Ding notwendig schon verändert wird, sobald ein Subjekt es beschreibt, wenn der völlig isolierte Gegenstand prinzipiell keine beschreibbaren Eigenschaften hat, dann ist die Forderung nach einer strengen phänomenologischen Position unerfüllbar. Der dialektische Prozeß zwischen Betrachter und Literatur, selbst im Beschreibungsvorgang, machte ein *nur* werkauslegendes Verfahren unmöglich. Phänomenologisch vorgehen hieße dann, negativ bestimmt: Ausschalten desjenigen Subjektiven, das undialektisch dem Gegenstand gegenüber bleibt und isoliert von ihm ist; positiv bestimmt: Mithineinnehmen desjenigen Subjektiven, das vom Werk gefordert, also in der Sache selbst seine Gründe hat. Dieses vom Werk veranlaßte Subjektive wirkt wieder zurück auf das Werk, verändert es dadurch für den Betrachter, wird dann seinerseits wieder modifiziert und so fort, bis eine vermeintlich fixierbare, formulierbare Interpretation entstanden ist, das wäre eine dialektisch abgeänderte, das heißt wechselseitig wirkende Form der phänomenologischen Beschreibung.

Beschreiben der Wirkung. – Verlagert sich indes der Gegenstand der Beschreibung in das Subjekt, dann nämlich, wenn die Wirkung des Werkes beschrieben wird, das, was Ingarden die «Konkretisation» nennt[30], dann ist die Subjektivität stärker im Spiel; das ursprünglich auslösende literarische Werk ist dann das Transzendente, und die Beschreibungen der bewußtseinsimmanenten Erfahrungen können sich weit von ihm entfernen.

Phänomenologie der Rezeption. – In dieser Rezeptions- oder Eindrucksphänomenologie überwiegen Bezeichnungen für subjektives Erleben; hier läuft der Wechselpfad zwischen phänomenologischer

und existentieller Methode; ebenso wie jener zwischen Sachzuge-
wandtheit und Ichbezogenheit, bzw. Unsachlichkeit. Exemplarisch
aufweisbar ist dies an Wirkungsbeschreibungen von Johannes
Pfeiffer, der, von Husserl und vor allem Heidegger geschult, phänomenologisch vorzugehen wünscht. Für ihn klingt aus einem
einzigen Gedicht ein «gläsern-klarer, innig-zarter Ton, fromm-ver-
trauend und doch auch wieder ein wenig spielerisch in seiner weh-
mütig-sanften Gefaßtheit»[31]. Ein anderes Gedicht hinterläßt folgenden Eindruck:

«In fallendem, gelöstem Rhythmus fließen diese Strophen mit ge-
lassenem Gleichmut dahin. Daß alle Verse voll ausschwingen, verstärkt den Eindruck sanften Gleitens. Die Tongestaltung hebt an
mit dem dunklen und tiefen u der ‹Urnen› und lichtet sich dann auf
zum gedämpften Klang des ü, das im ersten Vers der zweiten Strophe
noch einmal aufgenommen wird; in den anschließenden Versen ist
das fünffache ie im Wechselspiel mit dem zweifachen ö von beherr-
schender Stimmungskraft» usw.[32]

Das Schauen. – Noch ein Spezifikum der phänomenologischen
Methode verdient erläutert zu werden: der Akt und die Wahrneh-
mungsfähigkeit des Schauens. «Die Phänomenologie verfährt
schauend aufklärend[33].» Darin stimmt sie mit der Morphologie
überein, die zur morphologischen Methode geführt hat. Indem aber
die Gestaltseher, die Morphologen, ihren festen Vor-begriff von
Gestalt als organischer Gestalt haben, unterziehen sie sich keinerlei
Reduktion, gehorchen nicht dem Gebot der Vorurteilslosigkeit. Das
Schauen allein genügt also nicht als Bestimmungsmerkmal für eine
Methode, es muß näher bestimmt werden. Husserl sieht bei der
Schau den Akzent auf dem Verstandesfernen: «... möglichst wenig
Verstand, aber möglichst reine Intuition; (intuitio sine comprehen-
sione); wir werden in der Tat an die Rede der Mystiker erinnert,
wenn sie das intellektuelle Schauen, das kein Verstandeswissen sei,
beschreiben. Und die ganze Kunst besteht darin, rein dem schauen-
den Auge das Wort zu lassen[34].» In Heideggers Vorstellung vom
Schauen sind hingegen mehr Verstandeskräfte beigemischt. In seiner
Idee der «‹originären› und ‹intuitiven› Erfassung und Explikation
der Phänomene liegt das Gegenteil der Naivität eines zufälligen,
‹unmittelbaren› und unbedachten ‹Schauens›»[35]. Auch hier Intuition,
aber offensichtlich cum comprehensione, da sonst häufig nur der
Schein und die Oberfläche wahrgenommen werden, nicht aber das
Ziel der Schau: das Wesen und die Wahrheit der Objekte. Auch des

Philosophen Max Scheler (1874–1928) «weit aufgeschlagenes Auge», mit dem man den Phänomenen begegnen soll, ist als intellektuales Sinnesorgan nicht dem empirischen des naiven Hinsehens gleichzusetzen. Wenn auch ein Gedicht im ursprünglichen Sinn «gesehen» werden kann, ebenso Abschnitte, vom Autor absichtlich leer gelassene Zeilen, Seiten, so ist doch für das überwiegende Wahrnehmen nur ein Sehen im übertragenen Sinne gemeint, das dadurch schon intellektualer ist als das naive und unmittelbare Schauen. Generalisierend läßt sich sagen, daß von Schauen gesprochen wird, um sich gegen ein der Reflexion ganz zugehöriges diskursives Denken, gegen ein intellektuell sukzessive erfolgtes Erkennen abzusetzen.

Vorbehalte gegen die Methode. – Das phänomenologische Vorgehen ist diversen kritischen Einwänden ausgesetzt: Der Hauptangriffspunkt der Methode ist ihre Tendenz der Isolation. Loslösung von der Geschichte, Nichtbeachtung des Traditionszusammenhanges, hier läßt sich am leichtesten argumentieren. So wendet Horst Rüdiger pauschal ein, viele literarische Werke blieben «ohne Kenntnis dieses geistigen Traditionszusammenhanges schlechterdings unverständlich»[36]. Oder man verweist auf die Grundlage der Literaturwissenschaft, die Philologie, die gerade eine historische Wissenschaft sei. Und Staiger gibt die Gefahr bei der Isolation zu – wie er überhaupt ein Repräsentant mit Vorbehalten der Methode gegenüber ist –, daß eine Interpretation bedrohlich «aus der blauen Luft»[37] gegriffen werden könne. Die Aversion gegen das Einbeziehen von biographischen Fakten, Lebenszeugnissen und Plänen des Autors, wendet sich, so könnte man argumentieren, gegen die angeblich positivistisch-einseitig gesehene Entstehung des Werkes, gegen die Sicht einer bloßen Kausalität. Daß aber über der Kausalität der Entstehung eine Finalität wirksam ist, daß der Autor das Werk antizipiert hatte und dann final gerichtet auf diese Antizipation hin arbeitete, müßte erlauben, ja gebieten, die in außerhalb des eigentlichen Werkes bestehenden Lebenszeugnissen einsehbaren Pläne und Absichten des Autors mit hineinzunehmen. Aus dem phänomenologisch erstellten Vergleich von Antizipation und Realisation, von final Gedachtem und schließlich Bewirktem, wären Erkenntnisse zu gewinnen, deren Inhalt sehr wohl auch werkimmanent sein könnte. Auf diese Weise könnte der Phänomenologe dem Vorwurf der Isolation entgehen, ebenso wie er ihm durch den Gedanken von der Intentionalität begegnet.

Weiter wird kritisiert, daß es mit der beabsichtigten Selbständigkeit der Methode nicht gar so gut bestellt sei, da ihre Prinzipien aus der Philosophie übernommen worden seien und die Methode dadurch wiederum ein der Literaturwissenschaft fremdes Verfahren darstelle, wiederum würden ihr fremde Aspekte oktroyiert. Hierzu aber ließe sich als Verteidigung sagen, daß Phänomenologie generell als Zugang zu «Sachen» schlechthin ersonnen worden ist, so daß sie als Methode mit jeder Sache konfrontiert werden könne.

Ein anderer neuralgischer Punkt ist die Wesensfrage: Wenn durch pures Schauen das Wesen erkannt, das Werk an sich gesehen werden soll, dann wäre in der Tat jede andere Erkenntnishilfe überflüssig. Heideggers Verborgensein des Wesens aber hat bereits hier gewisse Vorbehalte ermöglicht, so daß auch andere Methoden zum «Entbergen» dienlich sein könnten. Nur falls das Wesen der Sache eine schlechthin unabhängige, irreduzible Erscheinung ist, in keinerlei historischen, biographischen, psychischen Zusammenhängen verwurzelt, kann die Erkenntnis solcher angeblicher Zusammenhänge in die Irre führen. Der streng idealistisch eingestellte Phänomenologe sagt: ich sehe und deute die Sache, nicht wie sie an sich ist, sondern nur, wie sie sich zeigt, mehr kann und darf ich nicht über sie aussagen; dabei ist der Einwand gegen den Anspruch, das Wesen zu erschauen, hinfällig. Dann wäre nur das relativ zum Schauenden, das zwischen ihm und dem Werk Wesentliche gemeint. Damit freilich rückte man von der strengen phänomenologischen Auffassung ab, und zwar in Richtung auf die existentielle, in der das Subjektive den Vorrang erhält. Der Übergang ist leicht, nicht umsonst konnte aus dem Phänomenologen Heidegger ein Existenzphilosoph werden.

EXISTENTIELLE METHODE

Die Aussage des Existenzphilosophen Gabriel Marcel (geb. 1889): «Je ne suis pas au spectacle»[1] kann als Leitsatz für die existentielle Methode fungieren. Er deutet die Grundsituation des Verhaltens, in der sich das betrachtende Subjekt befinden soll, wenn es der zu erkennenden Welt gegenübertritt: Nicht im Theater sein, keinem spectaculum gegenüber, um nur dessen Schein zu sehen, sondern vielmehr in dem jeweils Begegnenden anwesend sein, ohne Rampe, unmittelbar es zur eigenen Sache machen, das sei der angemessene Modus. *Mea res agitur.* Schon Schopenhauer, von dessen Gedanken sich eine Entwicklungslinie führen läßt über Sören Kierkegaard zu Gabriel Marcel, formulierte dieselbe Alternative: «Aber ist denn die Welt ein Guckkasten? (...) Zu *sehen* sind diese Dinge freilich schön, aber sie zu *seyn* ist ganz etwas Anderes[2].»

Diese Wendung in der Philosophie auf den Ernst des Seins hin, auf die Existenz, auf diejenige der betrachteten Dinge und auf die eigene, hat auf die Literaturwissenschaft starken Einfluß ausgeübt. Die existentielle oder auch «existentialistisch» benannte Methode – ungeachtet der dabei auftretenden Differenzierungen – leitet sich von daher, wobei allerdings die philosophischerseits gemeinte Relation Subjekt und Welt sich aufspaltet in diejenige zwischen dem Dichter und der ihm zugehörigen Umwelt und diejenige zwischen dem Betrachter und dem dichterischen Werk. Beide Beziehungsfelder sollen als «existentiell» angesehen werden, so daß bei der zweiten Beziehung zwischen Betrachter und Werk nicht wie im ursprünglichen philosophischen Denkansatz etwas unmittelbar Gegebenes als Objekt gegenübergedacht wird, sondern das literarische Werk als ein vielfach vermitteltes, als ein Stück objektivierte Welt. Aber auch sie ist nicht, wie es möglicherweise das Wesen der Kunst suggeriert, als schöner Schein zu rezipieren, sondern genauso wie Unmittelbares der Wirklichkeit im eigenen Sein zu erfahren.

Ungeschiedenheit von Leben und Werk. – Der für alle Methoden wichtige Fragenkomplex: Wie verhält sich das Werk zum Leben des Autors, und wie verhält sich der Betrachtende dieser Frage gegenüber? wird in der existentiellen Methode abgetan, indem man den von Dilthey behaupteten Niveauunterschied zwischen Leben und Werk, Autor und Dichtung für belanglos erklärt. Ob das, was im Werk ausgesprochen, Meinung und Problem des realen Dichters war oder ob es nur literaturimmanente Funktion hat, muß nicht entschieden werden, denn Leben und Werk seien beide als Sichtbarmachen der Grundfragen von Existenz schlechthin zu interpretieren. «Eine existentielle Biographie, die Leben und Werk bis ins Letzte verschmilzt, setzt existentielle Substanz voraus[3].» Es könnte auch heißen: «Eine existentielle Werkuntersuchung ...», denn das Verschmelzen ist Ziel, das Zurückführen auf die oder in die «Urgründe». Das für eine solche Untersuchung notwendige Material kann der Literaturforscher nach eigenem Ermessen aus Werk oder Leben nehmen, auch aus dem eigenen Leben. Es hat ihm nur um die Grundfragen von Existenz zu gehen, und zwar so, wie sie sich im jeweiligen Objekt präsentieren, aber die eigene Substanz des Forschers muß mit im Erkenntnis- oder besser: Erlebnisprozeß veranlagt sein. Und dieses Verschmelzen lehnt nicht nur die in der geistesgeschichtlichen Methode vorgenommene Trennung von Leben und Werk ab, sondern ist auch unterschieden von dem positivistisch gesehenen Kausalnexus, da es das logisch aufgliederbare Nacheinander in ein existentiell bedingtes Gleichzeitiges verbinden möchte.

Existentiell soll eine Untersuchung heißen, die sich auf die Fundamente allen Lebens, jeder realen Existenz bezieht. Sie sind das einzig Wesentliche.

Identifikation. – Um nun diese Fundamente herauszuarbeiten, hat auch der Forscher die seinen mit zu befragen, er hat eine Identifikation mit der ins literarische Werk gesetzten Existenz vorzunehmen, seine Substanz zur dort verwirkten hinzuzuschlagen. Der eigene Einsatz wird gefordert, eine subjektive Ergriffenheit statt einer distanzierten Zuschauerhaltung.

Entscheidung. – «Der Forscher muß seine eigene Existenz in die Waagschale werfen, muß geistig Partei ergreifen, muß sich in unmittelbarer, gegenwärtiger Begegnung mit dem Forschungsobjekt selber existentiell entscheiden[4].» Der Dialog mit dem literarischen Werk zum Zwecke der Existenzerhellung soll vor sich gehen, und die Entscheidung über im Werk agierende Probleme und Fragen bildet einen Kernpunkt der Gedanken über das Werk, eine Stellungnahme pro oder contra, eine Art «Parteilichkeit» aus ethischen, religiösen, politischen Kriterien genährt, kennzeichnet die Arbeitsweise. Über den Rezipierenden läßt sich sagen: «Es ist wichtiger, daß *er* liest und lesend zu irgendeinem Ergebnis kommt, als daß ein anderer für ihn das absolute Ergebnis destilliert.» Dieses Wichtiger-Sein wurde in der existentiellen Methode zum leitenden Prinzip erhoben, das bei extremster Handhabung in privater Meditation entlang der Literatur gipfeln kann, um in Windungen immer weiter ins eigene Selbst zu führen. Nach Kierkegaard ist es geradezu ein unethisches Verhalten, das Selbst zu mißachten; vielmehr sei es «ethisch wahr, daß das reine Sein Phantasterei ist, und es einem Existierenden untersagt ist, zu vergessen, daß er existiert»[5].

Subjektivität. – Innerhalb der Philosophie Kierkegaards ist es vor allem das Denken über die Subjektivität, das für die Literaturwissenschaft von größtem Einfluß war; wer die existentielle Sichtweise vorantreiben wollte, fand hier durchdachte Rechtfertigungen und eingängige Thesen: «Die Subjektivität ist die Wahrheit. Die Subjektivität ist die Wirklichkeit[6].» Dieser Überzeugungskreis, in den die bei Kierkegaard immer wiederkehrende Formel vom «subjektiven Denker» fällt, suggeriert in stets neuen Ansätzen die verderbliche Einseitigkeit eines abstrahierenden Vorgehens und intensiviert demgegenüber die Vorrangstellung des subjektiven Erlebens, bei dem der ganze Mensch, seine konkrete Existenz, seine eigene Lebenserfahrnis, ausschlaggebend sein sollen: «Man wage es nur getrost, ein Mensch zu sein[7].» Und die aus dem eigenen Erleben gewonnenen Kriterien sind die der Wahrheit. Wenn eine Theorie oder ein Satz im Erleben des Lesers, in seiner Subjektivität erfüllt werden, sind sie in der Wahrheit, selbst wenn sie, an außerhalb liegenden Maßstäben gemessen, falsch sein sollten. So kann bei einer Werkbetrachtung alles «wahr» sein, wenn nur das Ergriffenwerden dem wirklichen Existieren gleichkommt, wenn zum Beispiel der Sinn eines Gedichtes, wie er sich dem Leser spiegelt, mit dem, was das Gedicht in ihm auslöst, wie es ihn verwandelt, wachmacht für bis dahin Ungesehenes, zum leitenden Bild eines Lebensteils wird, in das eigene Sein hinübergeht; unabhängig von der Frage nach des Gedichtes Sinn in sich selbst, auch unbeschadet der Tatsache, daß Allgemeinverbindliches nicht erreicht und die dienende Funktion an der Literatur verfehlt werden mag. Einwände, daß es für die Literatur nicht gleichgültig sein kann, ob man bei noch so erschütterter Haltung ihren Aussagesinn verändert, sind exterritorialer Herkunft. Von dorther vernimmt man einen dem Subjektiven gegenüber mißtrauischen Philosophen: «Die Hoffnung, daß die Ausdeutung von Dichtung doch vielleicht einmal wieder aus innerem Antrieb der Philologie der alten Akribie und der neuen Pflege des Buchstabs getreu in die Grenzen der Sachlichkeit zurückkehren könnte, läßt sich nicht als absurd beweisen[8].»

Verbindung von Subjektivem und Objektivem. – Der vereinigende Effekt, der sich in der geistesgeschichtlichen Methode auf die literarischen Gebilde durch die Gemeinsamkeit des Geistes auswirkt, rührt in der existentiellen Methode von der «Existenz» her, wird hier aber mehr zwischen dem Werk und seinem Betrachter akut als innerhalb der Werke unter sich. Ein weit engeres Verbinden der Sphären Subjekt und Objekt wird dadurch intendiert, Leser und Literatur enger als bisher zusammengeschlossen. Ja, wenn möglich so eng, daß das sogenannte Subjektive des Lesers von dem sogenannten Objektiven des ihm gegenüberstehenden Werkes nicht mehr zu trennen ist und beide ineinander aufgehen. Sieht man also von einer hier angedeuteten Skepsis ab und verharrt innerhalb des methodischen Anspruchs, dann ist es den existentiellen Kriterien nach so, daß das Subjektive in Richtung des Objektiven mehr Wahres mit sich führen kann als etwa das erstrebte objektive Verfahren der Positivisten. Das Ideal der für diese Denker nur scheinbaren Objektivität ist ein wichtiges Angriffsziel.

Auch Emil Staiger zum Beispiel hat diese Art synthetischer Wahrheitsfindung – das Subjektive gibt als Wirkung verläßlich Auskunft über das Objektive – bejaht, ohne deshalb ganz an die Lehre der Existenzler gebunden zu sein.

Gefühl. – In Staigers Aufsatz «Die Kunst der Interpretation» von 1951 ist für ihn Gefühl – und dieses Wort steht vereinfachend, verengend für den Komplex des Subjektiven – ausschlaggebend für die literaturwissenschaftliche Praxis. Staiger stellt sich mit dem Ausruf «Das allersubjektivste Gefühl gilt als Basis der wissenschaftlichen Arbeit!» erst verwundert auf seiten des Skeptikers, um aber gleich dieses Erstaunen aufzulösen: «Ich glaube jedoch, dieses ‹subjektive› Gefühl vertrage sich mit der Wissenschaft – der Literaturwissenschaft! – sehr wohl, ja sie komme nur so zu ihrem Recht[9].» In der Verbindung Gefühl und Wissenschaft geht er so weit, zu behaupten: «Das Kriterium des Gefühls wird auch das Kriterium der Wissenschaftlichkeit sein[10].» Eine deutlich auf Kierkegaard weisende Ansicht. Gerade das, was scheinbar am wenigsten zu kontrollieren ist, soll die Wissenschaftlichkeit, also das prinzipiell Kontrollierbare garantieren. Hier scheint es schlecht um Wittgensteins positivistisches Verifizieren bestellt, zu sehr werden das Sachliche, das dem Betrachter Gegenüberstehende und das spontan aus dem Subjektiven Hinzutretende miteinander vermengt.

Verifizieren durch Gefühl. – Der Gefahr eines völlig willkürlichen

Gefühls aber wollen die Existentiellen damit vorbeugen, daß sie erläutern, das Gefühl müsse seinen Beweggrund, seinen Anstoß in der jeweiligen Literatur haben, dies sei notwendige Voraussetzung. Als begründende Akte einer literaturwissenschaftlichen Arbeit gelten zwar das subjektive Sich-Einlassen mit der Dichtung und das seelische Wahrnehmen, aber «diese Wahrnehmung abzuklären zu einer mitteilbaren Erkenntnis und sie im einzelnen nachzuweisen, ist die Aufgabe der Interpretation»[11]. In dieser Aussage von Staiger ist nur von Interpretation die Rede, das Verfahren läßt sich, sobald es das bloße Feststellen von Fakten überschreitet, auf jegliche Annäherung an Gedichtetes ausdehnen. Staiger spricht von «nachweisen» und meint sogar: «Daß dieser Nachweis möglich ist, das begründet unsere Wissenschaft[12].» Immerhin ist damit eine Tendenz zum Verifizieren vorhanden, die vom subjektiven Gefühl zur objektiven Richtigkeit verläuft. Aber auch für dieses Zum-Ziel-Laufen ist das Gefühl zuständig: «Der seelische Grund ist unentbehrlich, nicht nur für die erste Begegnung, sondern auch für den Nachweis selbst[13].» Ist dann der Nachweis durch Rückgang auf Einzelheiten der jeweiligen Dichtung gelungen, müßte sich beim Meta-Rezipierenden dasselbe Gefühl einstellen.

Geistesgeschichtlich betrachtet, hat die Überzeugung, es sei richtig, das Gefühl zum Erkennen von Wahrheit einzusetzen, eine lange Tradition. Immer wieder kommt sie in Gegenwehr zu einseitig rationalen Erkenntnismethoden in Mode. Staiger beruft sich auf Schelling (1775–1854), für den es zwar einen «geistreichen, aber keinen seelenvollen Irrtum» gibt[14]. Das Lob der Seele nimmt im weiteren neunzehnten Jahrhundert seinen Fortgang; für Schopenhauer (1788–1860) darf es, «so sehr auch der Kopf oben zu bleiben hat, doch nicht so kaltblütig hergehn, daß nicht am Ende der ganze Mensch, mit Herz und Kopf, zur Aktion käme und durch und durch erschüttert werde»[15]. Und die hier stilistisch ausgeprägte und einprägsame Akzentverschiebung vom Kopf zum Herzen ist dann bei Kierkegaard (1813–1855) zur expressiven geworden.

Interesse und Leidenschaft. – Wer sich ihn zum Vorbild nimmt, hat es leicht, auf das Gefühl zu pochen, denn außer der «Subjektivität» findet er hier gefühlsstärkende Momente in «Interesse» und «Leidenschaft», die Kierkegaard als wichtige Verhaltensweisen von einem Betrachtenden und Aufnehmenden fordert. Erregt und miterschüttert sei derjenige zu sein bereit, der etwas erkennen will. Es ist ein ethisches Postulat, das dem Literaturwissenschaftler hier begegnet, ohne dessen Befolgen der zwar verborgene, aber entscheidende Kern der Literatur nicht freigelegt werden könne.

Stimmung. – Eine weitere Quelle für die Gefühlseinflüsse birgt die Philosophie Martin Heideggers (geb. 1889). Seine ihm wesentlichen Erkenntnisgründe, aus denen das Entscheidende aufsteigt, sind «Stimmung» und «Befindlichkeit». Beide Worte deuten eben auf jenen irrationalen Hintergrund, vor dem sich die existentielle Methode halten möchte. Stimmung ist, den Gedanken in Heideggers «Sein und Zeit» (1926) folgend, ein «Existenzial», das heißt ein unentrinnbares Konstituens des Menschen. Als solches ist sie immer vorhanden, denn «daß Stimmungen verdorben werden und umschlagen können, sagt nur, daß das Dasein je schon immer gestimmt ist»[16]. Daher ist auch das Verstehen, da es sich in einem Daseienden, dem Menschen, bildet, ein «immer gestimmtes»[17]. Innerhalb des existentiellen Ansatzes aber wird diesem Wesensmerkmal über das bloße Vorhandensein hinaus eine besondere Erkenntnisfähigkeit zugesprochen, und zwar von einer Art, die weiter reicht als jene des nur rationalen Erkennens. «Die Erschließungsmöglichkeiten des Erkennens tragen viel zu kurz gegenüber dem ursprünglichen Erschließen der Stimmungen[18].» Das läßt sich gut gegen positivistische Literaturwissenschaft und auch gegen reine Geist-Interpreten ins Feld führen. Denn so sehr sich Heidegger selbst gegen das Abschieben derartiger Ansichten in das Gebiet des Irrationalismus wehrt[19], wird es doch bei den weniger exakt philosophisch unterscheidenden Literaturwissenschaftlern für ihre irrationalistischen Tendenzen geltend gemacht. Heidegger zwar sagt, man dürfe seine Auslegung von Stimmung nicht damit verwechseln, «Wissenschaft ontisch dem ‹Gefühl› auszuliefern»[20], da er auf das ontologische Gebiet des Daseins ziele. Aber der Übernehmer solcher Gedanken kann sich rechtfertigen, insofern Dichtung von einem Daseienden hervorgebracht ist und sich daher in ihr dessen Daseinsstruktur niedergeschlagen hat. Daß der Stimmung überhaupt ein Erschließungswert zugeschrieben wird, ist entscheidend, nicht hinsichtlich welcher speziellen Erkenntnis. Bei Betrachtung von Literatur sei also darauf zu achten, wie man gestimmt ist oder wird, was das Werk an Stimmung in einem auslöst, was es an vorhandener Stimmung umfärbt, das gibt wesentlichen Aufschluß. «Man wage es nur getrost, gestimmt zu sein» – läßt sich das zitierte Wort Kierkegaards abwandeln.

Auslegung. – Durch die erkenntnisfördernde «Stimmung» ist der Akt der Auslegung, die Interpretation von Literatur, nicht nur an einer vom Objekt her verfügten Methode gehindert, sondern vielmehr erscheint die subjektive Art der Auslegung gerechtfertigt. Auslegung, die eigentlich nur herauslegen sollte, was in der Literatur enthalten, ist nach Heideggers Ansicht «nie ein voraussetzungsloses Erfassen eines Vorgegebenen»[21]. Da ihm Stimmung zusteht, ist der Auslegende bereits durch eine ihm eigene Vorstruktur gezeichnet, und diese ist so stark, daß sie das Gegebene verändert, indem sie es an die eigene Gefühlslage assimiliert. Wenn sich eine exakte Textinterpretation «gern auf das beruft, was ‹dasteht›, so ist das, was zunächst ‹dasteht›, nichts anderes als die selbstverständliche, undiskutierte Vormeinung des Auslegers, die notwendig in jedem Auslegungsansatz liegt»[22]. Das ist die existentielle Sicht, die bei radikaleren Vertretern verstärkt wird, indem sich die Vormeinung zur allein maßgeblichen Meinung (Stimmung) entwickeln soll, und hier sind die philosophischen Rechtfertigungsgründe für die Bedeutung des «Gefühls» gegeben, wie es etwa bei Staiger verwendet wird.

Ursprüngliches Innewerden. – Mit dem ganzen bisher zur Sprache gebrachten Komplex der subjektiven Verhaltensweisen des Forschers – der eigene Einsatz, das Gefühl, Interesse und Leidenschaft, Stimmung und Vorstruktur des Auslegenden – gibt die existentielle Methode zu erkennen, daß mit ihr die Literaturwissenschaft in einem Grenzgebiet zwischen exakter Wissenschaft im derzeitigen Sinne und erlebnishafter Welterfahrung steht. Karl Jaspers hat in seiner *Existenzphilosophie* (Vorlesungen von 1937) das Erkennen der objektiven Wissenschaften vom «Innewerden» der philosophischen Haltung abgegrenzt. Existentielle Literaturwissenschaft wäre danach eher eine «Philosophie» als eine Wissenschaft: sollen die Tatsachen «objektiv gültig erkannt werden, so muß der forschende Mensch seine Wertungen, insbesondere seine Wünsche, seine Sympathien und Antipathien, (...) im Erkenntnisakt selbst suspendieren, um die Verschleierungen und Einseitigkeiten, die aus ihnen kommen, wieder rückgängig zu machen. Wissenschaft ist nur redlich als *wertfreie Wissenschaft*»[23]. Das entspricht dem phänomenologischen Ansatz. Aber damit gelange man gerade nicht an den zu suchenden Ursprung, damit könne man in einem literarischen Werk die «eigentliche Wirklichkeit der Kunst (...), d.h. was in der Kunst als Wahrheit erfahren und hervorgebracht wurde», nicht verstehen[24], denn das Eigentliche sei «Mitteilung aus dem Ursprung an möglichen Ursprung»[25]. Da es aber in der existentiellen wie in jeder Methode den Handhabenden um das «Eigentliche» geht, muß also auch im Auf-

nehmenden der Ursprung aktiv werden, und das bedeutet seine
Empfindungswelt, die durchsetzt ist von Emotionen, Sym- und
Antipathien, Wünschen und Wertungen. Bei einem solchen Verstehen vom Ursprung her hat die rationale Analyse keinen Platz
mehr. «Man kann Texte *kennen*, die Gedankenkonstruktionen genau
nachzeichnen und doch nicht *verstehen*[25].»

Ganzheit contra Analyse. – In gleichen Überzeugungen laufend,
ob bewußt aus Jaspers' Schriften adaptiert oder nicht, ist man der
Meinung, daß Literaturwissenschaft, existentiell betrieben, nicht im
Bezirk des rational durchführbaren Sachwissens bleiben darf, und
daß demzufolge eine literaturwissenschaftliche Darstellung nicht
erklärend vorzugehen hat, nicht zergliedernd in deutlich geschiedene
Elemente, sondern daß vielmehr das Ganzheitliche einer Dichtung
gegenwärtig zu halten sei, indem die existentiellen Ursprünge auf-
gedeckt werden, diejenigen im Dichter ununterschieden von den-
jenigen im Leser. Existentielle Grunderfahrungen, aus der Dichtung
gewonnen, müssen sich auch im Stil der literaturwissenschaftlichen
Darstellung spiegeln. Ohne analytische Zwischenschritte käme man
zwar nicht aus – Staiger etwa gibt sie zu –, aber das Entscheidende
ist nur im Ganzheitsphänomen fixierbar. Von hier aus erscheinen
dem existentiell eingestellten Betrachter die Schranken, die sich
einige Positivisten setzten, um ihr exaktes analytisches Wissen zu
erreichen, negativwertig, da sie das Ursprüngliche gerade ausgren-
zen, es in einen unbetretbaren Urgrund abschieben. Der Positivismus erscheint so als Negativismus. Demgegenüber sollen gerade die
vorwissenschaftlichen Kräfte wieder in ihr Recht gesetzt werden.

Existenz = Wesen. – Bisher galt es, die Verhaltensweisen des Betrachters zu beschreiben. Ihr Widerpart und Anstoß, das literarische
Werk, wird derselben Sehweise unterworfen. Auch hier ist der Begriff «Existenz» und alles, was mit ihm verbunden wird, richtung-
weisend. Existenz formt die Zentralstelle eines jeden dichterischen
Werkes, sie ist der «geometrische Ort», von dem alle «Bekundungen
strahlenförmig ausgehen»[27]. So formuliert ein Literaturwissenschaftler und denkt damit im Geiste der Existenzphilosophie: «Das Wesen
des Daseins liegt in seiner Existenz»[28], oder: «Allein die ‹Substanz›
des Menschen ist nicht der Geist als die Synthese von Seele und
Leib, sondern die *Existenz*»[29]. Erfaßt man also die Existenz im
dichterischen Werk, so erfaßt man das Wesen und das Wesentliche
an ihm. Was diese Existenz eigentlich sei, der der Literaturforscher
nachzugehen habe, und die die Mitte jeden Werkes bildet, hat ein-

gestandenermaßen einen schwer zu erhellenden Sinn; oder der Sinn dieses «Wesens» ist gerade die Dunkelheit. Das Irrationale dessen, was entdeckt werden soll, ist wesentlich. «Ja, ist es nicht eigentlich so, daß uns das wissenschaftlich nachweisbare Fundament, die rationale Erweismöglichkeit genau in dem Maße abhanden kommt, in dem wir uns den zentralsten Fragen nähern?[30]» Dies die Ausdrucksweise des oben zitierten Literaturwissenschaftlers, der wiederum die philosophisch präfigurierte Idee von der Verborgenheit, Heideggers Gedanken von dem Sich-Verbergen der Wahrheit, aufnimmt. Wesen = Existenz, eine solche Einheit verwehrt selbst, da sie nicht offen ablesbar ist, eine überall anwendbare Handhabe. Das Dunkel sei aber dennoch versuchsweise zu durchleuchten. Dazu dienen methodisch auf seiten des Betrachters die postulierten Verhaltensweisen, auf seiten des Werkes aber sieht man bestimmte thematische Züge und Stilcharakteristika als Anhaltspunkte für das «Entbergen» des Wesentlichen:

Existentielle Themen. – Solche Kennpunkte werden immer dort zu finden sein, wo Themen, die die Existenzphilosophie in den Vordergrund stellt, wörtlich ausgedrückt oder aus dem Stil destillierbar erscheinen: Angst, Bedrohung, Sorge, Tod, Einsamkeit.

Angst. – Kierkegaards Gedanke, nur in der «Geistlosigkeit ist keine Angst»[31], seine Angstphilosophie als Philosophie des wesentlichen Daseins haben in der Literaturwissenschaft ebenso gewirkt wie Heideggers Proklamationen vom «Sein zum Tode», von der «Sorge als Sein des Daseins» und von der «Furcht als Modus der Befindlichkeit»[32]. Der Literaturwissenschaftler hat also diese Züge aufzudecken und das auch in Werken, die, oberflächlich gesehen, derartig Substantielles nicht zu beherbergen scheinen. Da sie überall aber notwendig vorhanden, müssen sie gesucht werden.

Urprobleme. – Der Dichter könnte zwar die existentiellen Triebkräfte verschleiern, beiseite schieben und überlagern, aber der Forscher hat sie dann aus diesen «Verkleidungen, Verschleierungen, unartikulierten Andeutungen und geheimen Untergründen» aufzustöbern[33], um so den Urproblemen, eben jenen, die in der Existenzphilosophie ihr Wesen treiben, «neues Gewicht»[34] zu geben. Um eine wahrheitsgemäße Fundierung dieser Urerfahrungen zu erkunden, seien dann die philosophischen und weltanschaulichen Äußerungen des Dichters «auf innere Dynamik und Ergriffenheit hin zu prüfen»[35]. Wieweit diese Äußerungen Teile eines Dichtwerkes sind oder wieweit nur private Überzeugungen eines Autors, ist unwesentlich, da Leben und Werk hinsichtlich ihrer untrennbar, beide von den gleichen Triebkräften bewegt werden. Die methodische Ausrichtung auf Urprobleme zeigt, wie der im Kapitel «Geistesgeschichtliche Methode» genannte Rudolf Unger in seiner thematischen Tendenz – «Literaturgeschichte als Problemgeschichte» – existentiell bedingt ist. Hier im Thema der Dichtungen als Objekt des Forschens ist der Übergang beider Methoden zu finden. Fast die gesamte übrige Literaturbetrachtung erscheint dem existentiellen Forscher als Idealisierung von Literatur, als ein Akt der Abstraktion, der die ursprünglichen Gegensätze oder zumindest als Widersprüche erfahrenen Existenzgründe in idealistischen Optimismus aufhebt. «Eine legitime existentielle Literaturwissenschaft bestrebt sich dagegen in ihrer skeptisch-realistischen Haltung, alle idealistischen Sublimierungen zu durchschauen und alle Illusionen des ‹Man› als solche zu entlarven»[36], so heißt es im *Reallexikon der deutschen Literaturgeschichte* von 1958. Der Begriff des «Man» ist von Heidegger übernommen. Ob es sich bei den ihm entsprechenden Illusionen um solche im Autor oder im Forschenden handelt, ist irrelevant, das Entlarven ist eine Forderung, die der Forschende in bezug auf beide Kontrahenten zu erfüllen hat.

Wie diese neuen, in den Vordergrund gerückten Themen die Gegenstände der Literaturwissenschaft verändern können, wird einsichtig etwa an der Verfinsterung des Stifter-Bildes. Erik Lunding hat dies in seiner Stifter-Monographie (1946) an seinen Kategorien des Verstehens und des Bewertens gezeigt. Denn anders als etwa Werner Kohlschmidt in seiner zehn Jahre später erschienenen Stifter-Arbeit (1955) – obwohl dieser sich zur «Innerlichkeit» und damit zu Kierkegaard bekennt[37] – sieht Lunding die Einsamkeitsund Todesmotive, die Angst- und Wahnsinnselemente als die entscheidenden und bestimmenden in Stifters Erzählungen. Für Kohlschmidt formen sie das abschreckende Bild, den düsteren Hintergrund, aus dem die Fliehtendenz in das helle Leben hinausdrängen soll, für Lunding sind sie Boten der Substanz, des Wesens, und das heißt existenzialiter der Existenz. Dem entfliehen zu wollen, hieße in die seichte Oberfläche des Uneigentlichen entweichen.

Existenzhaltiges als Irrationales. – Im Hinwenden auf solche Wesenszüge wird wieder die Abneigung gegen Rational-Logisches akut, die das literarische Untersuchungsobjekt dementsprechend gliedert. Lunding schreibt in seiner Abhandlung: «Eine Untersuchung, deren Hauptzweck auf existentielle Fragestellungen gerichtet ist, kann erst recht nicht versuchen, alle Erzählungen in eine einsträhnige Entwicklungslinie einzureihen, denn das würde eine verhängnisvolle Logisierung der tieferen, irrationalen Seelenschichten bedeuten. Werke der apollinischen Verhüllung und Verharmlosung können mit solchen der dionysischen Enthüllung und Entlarvung, in denen eine Leidenschafts-Katharsis stattfindet, abwechseln, ohne daß eine ursächliche Erklärung möglich ist. Ferner muß man sich die Tatsache immer vor Augen halten, daß sich Stifter unter einem fortwährenden wirtschaftlichen Druck befand und folglich um des lieben Brotes willen in regelmäßiger Folge Erzählungen für Zeitschriften liefern mußte, welches natürlich in mehreren Fällen zu einer wesentlichen Verdünnung der existentiellen Substanz zugunsten einer Bereicherung des rein novellistischen Stoffes beigetragen hat. Mit dieser notwendigen Beschränkung werden wir eine sinngemäße Gruppierung der Stifterschen Werke nach dem ‹Hochwald› versuchen, und zwar so, daß wir erst die den dämonischen Untergrund mehr oder weniger enthüllenden, auf Existenz und Einsamkeit direkt hinweisenden Erzählungen behandeln und dann zur Deutung der biedermeierischen, gemeinschaftsbedingten, existenzbesänftigenden Werke übergehen[38].»

Die existentielle Vormeinung liefert also einmal Unterscheidungskriterien, die als Einteilungswände zwischen den Erzählungen fungieren, denn mit Hilfe von existentieller Tiefe beziehungsweise logischer Flachheit lassen sich die Werke in zusammengehörige Gruppen ordnen.

Wertung. – Zum andern liefert sie gleichzeitig Wertmaßstäbe. Irrationales, das ein Signal für Tiefe ist, führt Substanz und damit Wert mit sich, rein novellistischer Stoff, also einsehbare Handlungen, jedem Positivisten lieb, bedingen eine «wesentliche Verdünnung». Es können somit anhand existentieller Methodik Rangurteile verhängt werden: Existenzhaltiges und Existenzleeres verhalten sich wie Wesentliches und Unwesentliches, wie Dichtung und bloße Unterhaltung.

Das Atypische. – Trotz der immer gleichen Urprobleme, die eine menschen- und literaturverbindende Wirkung zeitigen, bestehen die existentiellen Sucher auf einem Atypischen und Einmaligen jedes einzelnen Autors und seiner Werke. Wie in der Existenzphilosophie Kierkegaard und später Jaspers vehement auf das konkrete und nur in der jeweiligen Person sich ereignende Dasein drängen, alle Menschenfragen individuell und nicht mehr generell, wie die idealistische

Philosophie es tat, lösen wollen, wie sich von Hegel zu Kierkegaard diese aristotelische Wende ins *hic et nunc* vollzog, so wenden sich die Literaturbetrachter ab von dem großen Gang der Probleme in der Literatur und den sogenannten objektiven Sachverhalten, die unabhängig von menschlichen Individuen, losgelöst im Literaturraum schweben, und interessieren sich für die im einzelnen Subjekt des Dichters ansässigen Probleme. Wohl läßt sich unter dem existentiellen Aspekt der Todesproblematik eine Dichtung des neunzehnten mit einer des siebzehnten Jahrhunderts verbinden, da aber das Entscheidende in dem jeweils einzelnen verwirklicht ist, müßte zumindest eine dialektische Form zwischen Generellem und Individuellem, Typischen und Atypischen gefunden werden. Die Opposition gegen das Typensehen in der geistesgeschichtlichen Methode bestärkte die philosophische Grundposition der existentiellen Literaturwissenschaft. Ebenso resultieren aus diesem «zentralen Anliegen»[39] der existentiellen Methode, das Atypische zu kristallisieren, eine äußerste Skepsis gegenüber den Epochebegriffen, seien sie auch noch so subtil begründet, ein Zurückscheuen vor der Einordnung eines Dichters in Gruppen, auch wenn sie sich selbst zu solchen zusammengeschlossen haben, eine Aversion gegen stammeskundliche und geistesgeschichtliche Zusammenhänge – all dies Synthesebewirkende wird als gefährlich verallgemeinernd abgewiesen. Wie die Akzentsetzung auf das Atypische die Interpretation leiten kann, dafür ein kurzes Beispiel aus der schon zitierten Arbeit Lundings über Stifter: «... das lebensphilosophische Bekenntnis Jodoks, das seinem düsteren Lebensbericht vorangestellt ist, läßt sich doch keineswegs als leeres Gerede abfertigen. Da huldigt Jodokus dem Leben, diesem süßen, schönen Wunder. Das Leben ist aber für ihn nichts Generelles, den wahren Wert des Lebens bedingt vielmehr seine unwiderrufliche Einmaligkeit. Diese Betrachtung des Einzellebens als eines Unwiederbringlichen und Unersetzlichen steigert aufs höchste das individuelle Gefühl: ‹Ich war der Schlußstein des millionenjährig bisher Geschehenen und der Mittelpunkt des All.› Diese Erkenntnis bedingt fernerhin eine konsequente Ablehnung der geschichtlichen Tradition, denn aus den geschichtlichen Vor-Fällen ist nichts zu lernen...[40].»

Ungeschichtlichkeit. – Die Konsequenz, die Lundings Jodok – oder Stifters Jodok? – zieht, gleicht der Konsequenz der Existenzphilosophie: Ungeschichtlichkeit, Desinteresse am Geschichtlichen. Kierkegaard sagt dazu: «Das Wissen von etwas Geschichtlichem verhilft einem bloß zu einem Sinnesbetrug, der sich vom Stofflichen betören läßt. Was kenne ich historisch? Das Stoffliche[41].» Oder: «Geschichtliche Genauigkeit und geschichtliche Wirklichkeit sind Breite», das eigentliche Medium «ist die Innerlichkeit menschlichen Existierens»[42]. Diese Innerlichkeit ist die des jeweils konkret existierenden Subjektes, damit aber die eines geschichtlichen Wesens in der Zeit. Wie verhält sich die Ablehnung des Geschichtlichen zu der Betonung des Konkreten, das nur geschichtlich zu denken ist? Eine Ambivalenzstruktur bleibt: Ähnlich der aus immer gleichen Urproblemen einerseits und einmalig Erfahrbarem andererseits, so auch hier eine Ambivalenz zwischen Unwichtigkeit des Historischen und Bedeutung des individuellen Daseins. Dadurch schätzt der Existentielle einerseits die Idealisten, weil der Gang ihrer Ideen dem sich überall zeigenden Existenzhaltigen formal gleichkommt und das Historische überspringt, andererseits verabscheut er das idealistische Objektivieren, denn bei der «angeblich erhabenen, großartigen und tiefsinnigen, in der Tat aber frivolen Behandlungsweise der Geschichte gelten die Personen nur noch als Träger oder Symbole gewisser, willkürlich in sie gelegter Absichten, verlieren ihre Eigentümlichkeit und allen Charakter»[43]. So argumentiert derselbe Kierkegaard, der sich gleichwohl gegen die Geschichtlichkeit stellt.

Ambivalenz des Geschichtlichen. – Für das literaturwissenschaftliche Arbeiten ergibt sich aus dieser Zweiseitigkeit: Von dem geschichtlichen Ort eines Werkes, von den stofflichen Bedingungen soll abstrahiert werden, soweit es sich um bloße Faktizität handelt, im Aufbereiten von Faktischem verstelle man sich den Zugang zum Eigentlichen, und durch Bewußtmachen der historischen Dimension verstelle man sich das unmittelbare Verständnis. Die zeitliche Entfernung, die zwischen Betrachter und Werk liegt, gilt es zu tilgen, und dafür muß das, was an dem Werk zum bloß Vergangenen eines Stoffwissens gehört, verworfen werden. Aber die Zeit, das heißt die Geschichtlichkeit in Form der Gegenwart, ist für den Betrachter eminent wichtig, denn ««existentiell› darf darum nur eine Wissenschaft heißen, der die im Werk begegnende Existenz *Gegenwart* wird»[44]. Nur aus einer unmittelbaren Gegenwärtigkeit springt das unmittelbare Verständnis. Und dies nimmt seinen Weg über die alle Menschen gleich anrührenden Existenzfragen; der Umgang mit jederzeit Gegenwärtigem ermöglicht ein Verstehen des zeitlich Entfernten. Darin verbirgt sich der anfänglich zitierte Grundgedanke, daß Dichtung kein Guckkastenstück sei, entfernt auf der geschichtlichen Bühne, sondern *mea res hic et nunc*. «So muß jedes Gefühl, jede Gebärde aus ihrer zeitgebundenen Form erlöst und in meine Zeitform überführt werden, damit in ihr das Ewigmenschliche aufleuchte[45].» Aber auch «meine Zeitform» bezeichnet etwas Zeitgebundenes, daraus erwächst die Pflicht für den so Denkenden, Dichtung immer neu zu rezipieren. Das wiederum gibt den Gegnern Anlaß zur Kritik, die sich auf den Relativismus solcher Forschungsresultate bezieht. Das existentielle Vorgehen kann gerechtfertigt werden unter Berufung auf die ihm wertgültige Philosophie, in der es heißt: «So ist philosophisches Denken doch *jederzeit ursprünglich* und muß in jedem Zeitalter unter den neuen Bedingungen sich geschichtlich verwirklichen[46].» Dem analog muß jeder, der Dichtungserkenntnis sucht, diese mittels eines je neuen Kontaktes neu herstellen, denn das Verstehen muß ein ursprüngliches sein, kein geschichtlich sich einfühlendes. Die Ungeschichtlichkeit, die der Methode so häufig vorgeworfen wird, besteht also darin, daß sie ein Verstehen des Werkes als eines historischen nicht intendiert, sondern daß sie die Probleme von Existenz aus den Dichtungen extrapolieren will. Der Bezugspunkt der Untersuchung ist dadurch zwar ungeschichtlich, aber andererseits ist er nur geschichtlich erfahrbar. Biographismus und pure Literatur«geschichte» sind sinnlose Arbeitsgänge, wenn nicht zugleich das Werk im zeitlichen Kontinuum bis zur jeweiligen Gleichzeitigkeit mit seinem Betrachter verschoben wird.

Stellung gegenüber anderen Methoden. – Abzugrenzen ist die existentielle Methode gegenüber der positivistischen; Subjektivität, Innerlichkeit und Ungeschichtliches sind geradezu anti-faktische Stellungnahmen. Interesse, Leidenschaft, Stimmung, Irrationales und Atypisches sind dem Positivistischen entgegengesetzte Vorlieben. Aber auch gegen die geistesgeschichtliche Methode sind die Abneigungen stark, obwohl das gemeinsame Contra gegen die Positivisten sie verbindet. Die Abneigung gründet vor allem auf der geistesgeschichtlichen Loslösung der Ideen von den einzelnen Subjekten: «Obgleich die Literaturwissenschaft des 20. Jahrhunderts dem absoluten Geist keine so unumschränkte Herrschaft zugestanden hat, wie es in der Hegelzeit der Fall war (...), bedeutet der Sublimierungsprozeß, durch welchen Menschen und Werke in die ewig kreisenden Ideen eingebettet werden, dennoch eine nicht zu unterschätzende Gefahr, denn das eigentlich Existentielle geht (...), unrettbar verloren[47].» Das Problemgeschichtliche, wie es von Unger betont wurde, die von ihm proklamierte Aufgabe, «vom Buch zum Menschen» durchzudringen und «alle Literatur als Ausdruck inneren, seelischen Lebens zu verstehen»[48], zeigt die Verknüpfungsmöglichkeiten. Auch in der Überbetonung des Gehaltes, des Thematischen und der Bedeutung von Philosophie läßt sich Gemeinsames beider Methoden sehen. In welchen Hinsichten sich das existentielle Vorgehen von dem phänomenologischen und wie entscheidend es sich vom soziologischen abhebt, ist bei Darstellung dieser Methoden zu registrieren.

Existentielle Literaturwissenschaft im Nationalsozialismus. – Unter der nationalsozialistischen Diktatur widerfuhr der existentiellen Methode ein scheinbar reiches Leben. Innerhalb der herrschenden Ideologie wurde der Existenzgrund gedreht und gewendet, um als «mütterlicher Urgrund», als «Sippengrund» gefeiert werden zu können. Von diesen Gründen stieg man auf in das Volksgefüge, in die Gemeinschaft aller, in der dem einzelnen keine Verantwortung mehr obliegt. Damit aber befand man sich in Gegensatz zu den existentiellen Anfängen, den begründenden Postulaten. Der Literarhistoriker Horst Oppel lobte 1940 den Exponenten der neuen Richtung, Hermann Pongs, daß er endlich den Existenzbegriff «aus der unfruchtbaren Bezogenheit auf die bewußte Entscheidung des Einzelnen» erlöst habe[49]. Neben dieser bewußten Abtrünnigkeit vom ursprünglichen Existenzdenken behielt man die willkommenen Elemente bei, so vor allem das des Irrationalen und Dunklen. Existentielle Literaturwissenschaft hieß zwar folgerichtig «Abkehr von der nur stilästhetischen Formbetrachtung ebenso wie von der nur geistesgeschichtlichen Problembetrachtung»[50], aber es hieß auch Hinwendung zum Sehen einer «Lebenskraft, die uns unmittelbar angeht»[51]. Gegen die Formbetrachtung stellte man sich mit Hilfe des existentiellen Ansatzes, aber nur, um damit gegen den aus ganz anderen Gründen verachteten Formalismus der Kunst überhaupt zu argumentieren; und für die Existenz plädierte man, indem man diesen Begriff zum Leben und zur «Lebenskraft» umbog, nur so konnte Existenz als scheinphilosophische Begründung für das Leben der Blut-und-Boden-Kunst benutzt werden.

Aber der Mißbrauch einer Methode besagt noch nichts gegen die Methode selbst, und daß Keime zum Mißbrauch in den Grundgedanken angelegt sind, hat diese Methode mit anderen gemein.

Morphologie. – Morphologie bedeutet Lehre von der Gestalt. Als solche hat sie auf den verschiedensten Gebieten ihre Ausprägung gefunden: Morphologie der Pflanzen und Tiere, der Sinneswerkzeuge, Geomorphologie, Kulturmorphologie, als Lehre von der Gestalt in der Psychologie und als Morphologie der Literatur. Diese verschiedenen Disziplinen haben weitverzweigte Traditionen, die alle nach 1920 eine mehr oder weniger heftige Renaissance erfuhren. In der Literaturwissenschaft hat sich das morphologische Denken allerdings erst nach 1940 durchgesetzt. Seine Anfänge aber liegen in den Naturauffassungen des achtzehnten Jahrhunderts. Als historische und systematische Ausgangspunkte sind Begriffsbestimmung und Wissenschaftsdeutung bei Goethe zu sehen. Er hat in seinen *Morphologischen Heften* (1817–1824) Erfahrungen, Betrachtungen und Folgerungen niedergeschrieben, die sich ihm bei Untersuchungen an der organischen Natur eröffneten. Ihm war die Gestalt, das sinnlich Wahrnehmbare, vordringlich; und zwar die Gestalt in ihrer von ihm erschauten Eigenheit, im Äußeren das Innere zu repräsentieren, das Innen ins sinnliche Außen zu kehren. Er konstatiert einen Trieb im Menschen, «lebendige Bildungen als solche zu erkennen, ihre äußern sichtbaren, greiflichen Theile im Zusammenhang zu erfassen, sie als Andeutungen des Innern aufzunehmen und so das Ganze in der Anschauung gewissermaßen zu beherrschen»[1]. Weiter schreibt er: «Man findet daher in dem Gange der Kunst, des Wissens und der Wissenschaft mehrere Versuche, eine Lehre zu gründen und auszubilden, welche wir die Morphologie nennen möchten[2].»

Da die morphologische Betrachtungsart also erst einmal für Naturobjekte erdacht war, muß der Rechtfertigungsgrund gefunden werden, sie auf Betrachtung der Kunst, also Literatur zu übertragen.

Natur und Kunst. – Für diese Übertragungsmöglichkeit hat ebenfalls Goethe die weltanschaulichen Voraussetzungen bereitet; das von ihm in bestimmter Weise gesehene Verhältnis von Natur und Kunst wird als Legitimation zugrunde gelegt. Seine monistische Sicht erlaubt, das morphologische Erfassen wie auf Natur-, so auch auf Kunstprodukte anzuwenden. Zur näheren Spezifizierung dieses Verhältnisses seien einige Goethesche Formulierungen zitiert: In den *Maximen und Reflexionen* heißt es: «Kunst: eine andere Natur; auch geheimnisvoll, aber verständlicher, denn sie entspringt aus dem

Verstande[3].» In Rom wird Goethe die Kunst «eine zweite Natur»[4]. Er wünscht im Sinne von Karl Philipp Moritz eine «ruhige Betrachtung der Natur und Kunst als eines einzigen großen Ganzen»[5]. Studiert er die Kunstwerke der Griechen, so hat er die Vermutung, «daß sie nach eben den Gesetzen verfuhren, nach welchen die Natur verfährt und denen ich auf der Spur bin»[6]. Und: «Diese hohen Kunstwerke sind zugleich als die höchsten Naturwerke von Menschen nach wahren und natürlichen Gesetzen hervorgebracht worden[7].» So dachte Goethe zu einer Zeit, in der die *Metamorphose der Pflanzen*, ein Kernstück seiner Morphologie, entstand. Auch zur Philosophie Kants fand er vom Ganzen, das Natur und Kunst gemeinsam bilden, den ihm gemäßen Zugang. In Kants *Kritik der Urteilskraft* sah er «Kunst- und Naturerzeugnisse eins behandelt wie das andere» und «das innere Leben der Kunst so wie der Natur, ihr beiderseitiges Wirken von innen heraus war im Buche deutlich ausgesprochen»[8].

Auch im Phänomen der Schönheit, das der Kunst immanent ist, sieht Goethe diese Verbindung zu einem «einzigen großen Ganzen». Denn jeglicher Schönheit seien «geistige Formeln» inne, und es sei zu hoffen, «daß diese geistigen Formeln zuletzt mit dem Verfahren der größten Künstler zusammentreffen, deren Werke uns übriggeblieben sind und zugleich die schönen Naturprodukte umschließen werden, die sich von Zeit zu Zeit lebendig bei uns sehen lassen»[9].

Diese Aussagen markieren die Keimzelle, aus der vom Betrachten der Natur-Gestalt zu dem der Kunst-Gestalt übergegangen werden kann. Die immer wieder kursierende Diskussion, ob Goethe wirklich Kunst und Natur gleichsetzte, ob nicht vielmehr den ebenfalls zu findenden Äußerungen über die Andersheit beider der Vorzug zu geben wäre, könnte dahin geschlichtet werden, daß keine Gleichheit, schon gar keine Identität behauptet werde, sondern nur eine Gleichheit der zugrunde liegenden Gesetze, ein prinzipieller Zusammenhang, der die andersartigen Erscheinungsformen nicht ausschließt. Eine morphologische Methode der Literaturwissenschaft beruft sich auf diesen prinzipiellen Zusammenhang.

Günther Müller hat als erster Goethes Einsichten für die Literaturwissenschaft nutzbar zu machen gesucht. Schon 1942 schrieb er: «Seit vier Jahren beschäftigt mich ununterbrochen Goethes Morphologie[10].» 1942, also zu einem Zeitpunkt, an dem die Aufnahme derartiger Gedanken in vielem durch die politisch-ideologischen Zusammenhänge nur allzu vermittelt erscheint; aber dieser Faktor ist hier nicht zu erörtern. Müllers Schrift *Die Gestaltfrage in der Literaturwissenschaft und Goethes Morphologie* (1944), seine Arbeit über *Wilhelm Meisters Lehrjahre*[11] und die Abhandlung *Die Bedeutung der Zeit in der Erzählkunst* (1947) sind Grundsteine der morphologischen Literaturwissenschaft geworden. Damit hat Müller einen Schritt getan, der die zu seiner Zeit auseinanderstrebenden Gebiete der Naturwissenschaft und der Geisteswissenschaft einander näherbringen sollte; und zwar nicht in der Form, daß ein Abhängigkeitsverhältnis entstünde; denn nicht sollten literarische Dinge durch biologische erklärt werden, sondern per analogiam sollte man vorgehen, durch Rückgriff auf deren gemeinsame Basis, wie das eine geartet sei, so auch das andere; und da man das eine, das Biologische kennt, bedient man sich dieser Erkenntnisse als eines methodischen Hilfsmittels. In Müllers Nachfolge steht der Anglist Horst Oppel[12], der das morphologische Denken aber von seinen wissenschaftlichen Ursprüngen weg in ideologisch bedingte Zusammenhänge führte.

Gestalt. – Das begriffliche und thematische Kernstück der morphologischen Methode liegt in dem Wort Gestalt. Da dieses ursprünglich als Bezeichnung für Objekte der sichtbaren Wirklichkeit entstand, muß ein Metaphorisieren stattfinden, was im Herausbilden mancher nur für die Literatur gültiger Termini immer wieder Schwierigkeiten und Unklarheiten mit sich bringt. Um dies weitgehend zu vermeiden, soll der Begriff «Gestalt» in seinen Horizonten abgesteckt und seinem Inhalt nach erklärt werden: Als Synonym bietet sich der Begriff «Form» an, wie denn auch beide Worte häufig undifferenziert wechselweise gebraucht werden. Den morphologischen Intentionen aber käme eine Abgrenzung zwischen «Gestalt» und «Form» entgegen, um die spezifischen Eigenheiten dessen, was literarische Gestalt meint, hervortreten zu lassen. Setzt man voraus, daß Form das Nur-Äußere bezeichnet, so ist Gestalt nicht Form, sie ist mehr. Das Gestalthafte betrachten, heißt nicht das ästhetisch Formale sehen; es heißt nicht, das formal Errechenbare ablesen, das, was in Zahlen fixiert werden könnte. Nicht das Metrum, nicht der exakt definierbare Rhythmus, nicht die Reimschemata sind entscheidend. Das Gestalthafte sehen heißt, sich gegen das Rationale absetzen, gegen ein mechanistisches Welt- und Kunstbild opponieren. Den Morphologen ist daran gelegen, daß die Gestalt auf keinen Fall ins «meßbar Begriffliche» umgedeutet werde[13]. Gestalt meint das Gesamt einer Dichtung, bei der eine Scheidung in Innen und

Außen, in Inhalt und Form zum unorganischen Schnitt, zum willkürlichen Eingriff würde. Man beruft sich auf Goethes Verse:
«Nichts ist drinnen, nichts ist draußen:/ Denn was innen das ist
außen./ So ergreifet, ohne Säumnis,/ Heilig öffentlich Geheimnis[14].»
Wäre mit Gestalt nur die Form der Dichtung gemeint, dann wäre
die morphologische Methode kein Novum. Formbetrachtungen
gibt es viele. Selbst Oskar Walzels Unterscheidung zwischen «äuße-
rer» und «innerer» Form trifft trotz einiger Berührungspunkte nicht
die morphologisch intendierte Einheit.

Die Differenzierung Gestalt-Form ist belastet durch ihre Entstehungszeit, denn sie weist auf die nationalsozialistische Phase, in
der die herrschende Ideologie das Formale der Kunst als formali-
stisch entwertete, das Ästhetische als nutzlos Ästhetizistisches ver-
bannte. Scheinbar also handelten die Morphologen im Ungeist
dieser nationalsozialistischen Weltanschauung: Form ist blutleer,
Gestalt aber offenbart die irrationalen Kräfte des Blutes, des Vol-
kes. Nur hat Morphologie den Goetheschen Ursprung, eine andere
historisch-gesellschaftliche Lage. Es ist also die Frage, wieweit sie
den faschistischen Zusammenhängen entzogen werden und so für
die Literaturwissenschaft Gültigkeit behalten kann.

Das Irrationale. – Im Geiste der Lebensphilosophie wird innerhalb der gemeinten Ganzheit das Irrationale von den morphologischen Literaturbetrachtern vorgezogen. Gestalt ist wesentlich vom
Irrationalen geprägt, das nicht eindeutig fixierbar, nicht mit einem
herausgelösten rationalen Gedankengang zu erfassen ist. Und so
meint man dem spezifisch Dichterischen, dem, was diese Ausdrucks-
möglichkeit von anderen literarischen Produkten unterscheidet, auf
der Spur zu sein: das «Unsagbare», in der «Gestalt» wird es gegenwärtig, in der «Gestalt» wird es anschaulich. So geht auch das, was
gemeinhin «Inhalt» genannt wird, in der Gestalt auf. Dichtung ist
den Morphologen «ein Weltaufschluß, ein Lehren durch die Gestalt»[15]. Und zwar ein Aufschluß über die Resultate der sonstigen
Wissenschaften hinaus; ein Aufschließen dessen, was in undichteri-
scher, nicht-gestalthafter Sprache nicht gesagt werden kann. «Wo-
von man nicht sprechen kann, darüber muß man schweigen»[16] –
diese rational positivistische Aussage bildet die Gegenposition, der
der Morphologe die Gestalt entgegenhält: Der Dichter schweigt
nicht, er macht das rational Unaussprechbare in der Gestalt des
Sprechens sichtbar. Ein irrationaler Wert der Dichtung. Die Gestalt
lehrt nicht nur, was Welt sei, ihr Lehren ist auch ein Pädagogisches,

sie hat einen ethischen, erzieherischen Wert. Denn das Ethische ist nichts Selbständiges, das sich im Inhalt, im puren Wortsinn der Sätze isolieren ließe, wo es gewöhnlich gesucht wird, es ist eingeschlossen in die Gestalt als notwendig mitgegebenes Moment. Gestalt meint also nicht Form, nicht Inhalt, vielmehr ein Ganzes, das mehr ist durch seine weltaufschließenden und ethisch-pädagogischen Wirkungen. Dem läßt sich noch etwas hinzufügen: Gestalt von Dichtung meint Dichtung nicht als Produkt einer Aktivität, die im Unterschied steht zum Hervorbringen der Natur, auch nicht der möglichen Absicht des Schaffenden nach, sondern man denkt in lebensphilosophischer Richtung: der Akt des Hervorbringens und demzufolge das Hervorgebrachte seien nicht nur analog, vielmehr wesensmäßig gleich jenem der Natur. Der morphologischen Literaturbetrachtung ist das Werk generell Gestalt und speziell Gestalt als «eine Sprache der schaffenden Natur»[17]. Das Goethesche Erbe «Kunst: eine andere Natur» ist hier im Detail in der Auffassung des Schöpfungsvorganges wirksam.

Anschauung. – Dem Gestalthaften der Dichtung ist konsequenterweise als Erkenntnismedium, als actio des erfassenden Subjekts, das Anschauen zugeordnet. In der physiologischen Welt, in der Morphologie der Pflanze und des Tieres ist das Verhältnis unmittelbar, das Auge als Sinnenwerkzeug ist dem sinnlichen Erscheinen der Gestalten dienlich. Und doch geht selbst der Physiologe von der sinnlichen Funktion des Auges zur geistigen Funktion eines anschaulichen Denkens über und meint: «Dieses anschauliche, jeder begrifflichen Analyse abholde Denken vermag nun allein dem Phänomen der Gestalt gerecht zu werden ... es gibt nun einmal Dinge, die nur mit dem Auge erkannt, d. h. nur von einer anschaulichen Erkenntnis erfaßt werden können[18].» Dem anschaulichen Augensinn entspricht und antwortet das anschauliche Denken. In der Morphologie der Dichtung ist dieses geistig Anschauliche verstärkt, weder von Gestalt noch von Anschauung ist im gegenständlichen Sinne zu sprechen; bereits das Objekt ist geistiger Natur und so erst recht das ihm korrespondierende Anschauen. Die Übertragung rechtfertigt sich, denkt man an das gemeinsame Spezifikum des begrifflich nicht Faßbaren, das der Literaturwissenschaftler für die Dichtung und der Naturwissenschaftler für die Naturgestalt – «jeder begrifflichen Analyse abhold» – reklamieren.

Anschauen und Denken. – Damit wird in beiden Gebieten auf den in der Philosophiegeschichte stets gegenwärtigen Unterschied zwischen Anschauen und Denken zurückgegriffen. Der intellectus archetypus «schaut», der intellectus ectypus «denkt». Das Schauen erfaßt spontan die Ganzheit, das Denken zerlegt rationaliter in Teile. Dichterische Symbole sollen also als Gestalthaftes ganzheitlich angeschaut, nicht in begrifflich diskursive Denkschritte aufgelöst werden; setzt man das Anschauliche außer Kraft, bleibt ein mitgedachter Gedanke, aber die diesen Gedanken an Spannweite übertreffende Idee wird zerstört. Wären Symbole durch Entwickeln einzelner Denkvorgänge in begrifflicher Sprache zu ersetzen, dann wären sie bloße Ornamentik mit keiner notwendigen Daseinsfunktion.

Der Literarhistoriker Hans Pyritz äußert in einem brieflichen Disput über die Morphologie mit Günther Müller seine Skepsis gegenüber der Anschauung und deutet sie als «wesensmäßig angelegtes Manko unserer Erkenntnisorgane»[19], gleichzeitig aber gibt er zu, daß der «Identitätsgrund von Form und Gehalt», das, was die Morphologen Gestalt nennen, mehr verlangt als ein begriffliches Beschreiben, mehr als ein eigentliches Sprechen, das uneigentliche, das metaphorische sei notwendig. Um sich der Intuition nicht ganz auszuliefern, nimmt der Morphologe auch das Denken für sich in Anspruch und beruft sich dabei wiederum auf Goethe, dem sein «Anschauen selbst ein Denken», sein «Denken ein Anschauen» war[20]. Auch die intellektuale Anschauung Schellings wird herangezogen zum Beweis, daß eine solche Verbindung möglich sei. So bestechend diese Einheit erscheint, so ist sie doch schwierig in ihrer faktischen Anwendung. Ein stetes Wechseln, ein fortwährendes Balancieren, ein Bilden von Gedanken, ein Umbilden in Anschauung mag den angemessenen und beabsichtigten Prozeß des Verstehens vorantreiben.

Mit dieser beweglichen, wachstumhaften Art des Verstehens entspricht man einer wichtigen Bestimmung, die man dem literarischen Kunstwerk beigelegt hat: der Metamorphose.

Metamorphose. – Die morphologische These: In der Dichtung vollzieht sich als Zeichen des Lebendigen ein fortgesetztes Werden, ein Verwandeln. Goethe fürchtete, selbst mit dem Wort «Gestalt» das Phänomen einer Pflanze zu starr zu fassen: «Wollen wir also eine Morphologie einleiten, so dürfen wir nicht von Gestalt sprechen; sondern, wenn wir das Wort brauchen, uns allenfalls dabei nur die Idee, den Begriff oder ein in der Erfahrung nur für den Augenblick Festgehaltenes denken[21].» Die Sprache spiegelt etwas fest Umrissenes vor, in Wirklichkeit wandelt sich alles ständig, durch Bildung und Umbildung»[22]. Auch der Schluß eines Werkes ist nicht ein Ziel, an dem die Metamorphose endet, sondern die Vorwärtsbewegung hat gleichzeitig eine rückwärts gerichtete in sich, das eben noch aktiv Bildende – ein Reim bringt den anderen hervor, ein Gedanke erzeugt den nächsten – wird nun seinerseits umgebildet, erleidet eine Wandlung – der Klang des Reimwortes wird durch die Verdoppelung anders, der Gedanke durch den zunächst kommenden erweitert, widerlegt oder bekräftigt – und das Ganze eines Werkes wirkt zurück auf seine Teile. Dieses Gesetz der Metamorphose gilt von der Bedeutung der Worte und Sätze, von Rhythmus und Klang, vom Imaginationsfeld der Bilder, von den Ebenen der Sprechweisen. Eine Metapher etwa bringt die andere mit sich, aber wird ebenso von ihr in ihrem bloßen Bildsein wie in ihrer Bedeutung beeinflußt. Oder ein Passus Vulgärsprache entläßt aus sich durch Übertreibung eine Reflexionssprache, und diese wieder bildet den vulgären Wortausdruck ins Reflektierte der Ironie um. Jedoch soll das morphologische Bilden und Umbilden nicht mit einer psychologischen Entwicklung von Personen gleichgesetzt werden. Auch die Prototypen der Entwicklungslosigkeit, zum Beispiel die Helden barocker Trauerspiele, machen das Gesetz der Metamorphose sichtbar, und dieses Gesetz ist in allen genannten Varianten vom Literaturwissenschaftler aufzuspüren, es gehört zu den Leitmotiven seiner Methode.

Entfaltung. – Im Bereich des Werdens einer Dichtung spricht der Morphologe von «Entfaltung». Carl Gustav Carus sah, im Vollzug Goethescher Gedanken, in der Entfaltung eine Eigentümlichkeit der Natur und vor allem der Geschichte: Die «höchste Aufgabe aller historischen Forschung» solle darin bestehen, die Geschichte der Menschheit als «Entfaltung, gleichwie Knospen und Blüten am fortwachsenden Baume» anzusehen[23]. Auch in der Literatur wird dieses Wachstumsgesetz – Goethe spricht vom «poetischen Gesetze der Entfaltung»[24] – gesehen, so daß man «schauen» soll, wie eins aus dem anderen sich entfaltet, wie eins im anderen keimhaft angelegt ist. Nicht, daß man etwa rekonstruiere, wie der Text wirklich entstanden ist, sondern man sehe zum Beispiel ein Gedicht als einen Organismus, in dem Gedanken, Klänge und Bilder auseinander und miteinander verstanden werden müssen, unabhängig von dem realen Entstehungsvorgang. Das, was sich organisch als Zweites oder Drittes aus dem Kern entfaltet, kann faktisch erst das Letzte bei der Entstehung gewesen sein.

74

Spiral- und Vertikalprinzip. – 1831 erschien Goethes Abhandlung «Über die Spiraltendenz der Vegetation», in der er seine Beobachtungen über zwei Prinzipien der Entfaltung im Pflanzenreich sammelte: das Spiral- und das Vertikalprinzip. Durch beide werden «Bau und Bildung der Pflanzen nach dem Gesetze der Metamorphose vollbracht»[25]. Günther Müller versuchte auch diese speziellen Formen des pflanzlichen Entfaltens auf die literarische Gestalt zu übertragen und setzte dabei andere Benennungen: statt Vertikaltendenz «Führkraft», statt Spiraltendenz «Schwellkraft»[26], was aber nur zur Unsachlichkeit der Sprache beiträgt. Für das Wirken der Vertikaltendenz lassen sich Handlungsfortgang und Spannung im Gerichtetsein eines Dramas oder Romans anführen, die gedanklichen und ideenhaften Stränge, die ein Werk halten wie ein «geistiger Stab»[27], auch der durchgehende in anscheinend gezielter Richtung ziehende Rhythmus löst einen vertikalen aufsteigenden Zug aus. Die Spiraltendenz hingegen zeige sich etwa in Nebenhandlungen, die sich um die Haupthandlung «herumschlingen», in Seitenszenen, die das Hauptgeschehen «vermehren» und «ernähren»[28], indem sie ihm aus entlegeneren Themenkreisen Stoff anbieten; spiralmäßig wären auch lyrische Stimmungsbilder und Landschaftsschilderungen, die eine Erzählung «anschaulich »machen; auch die Musikalität der Sprache, soweit sie Breite und Fülle des Tons bewirkt, käme der Spiraltendenz eines Werkes gleich. Es könnten aus dieser Betrachtungsweise stilistische Kriterien entspringen, von denen die einen dem vertikalen Prinzip zugehören und etwa Texten der Aufklärung eignen, die anderen dem Spiralprinzip, die etwa in Texten des Barock, des Manierismus oder auch der Romantik zu finden sind. Aber so, wie Goethe das Ineinander beider Systeme reklamiert, müßte auch bei der Dichtungsanalyse das Vertikale und Spirale immer wieder miteinander verknüpft werden.

Einheit und Ganzheit. – Einheit und Ganzheit werden morphologischerseits im dichterischen Werk vorausgesetzt. Sie erlauben ein Trennen in Einzelteile, aber nur wenn sie und ihre Wirkungen immer wieder in die Kommunikation mit allen anderen Teilen zurückgeführt werden. Einen Vers zu isolieren und seine Aussage allein bestimmend für ein ganzes Gedicht zu machen, hieße rein mechanistisch zerlegen, während das organische Sehen den Vers allein *und* im Gedichtzusammenhang wahrnimmt und die fluktuierenden Qualitäten registriert, die er für sich und als Teil innerhalb anderer Teile ausweist. Sein Bedeutungshorizont ist variabel, da morphologisch gesehen, «alle Teile auf Einen Teil hinwirken und jeder auf alle wieder seinen Einfluß ausübe»[29]. Vokale, Reim, Rhythmus, Klang, Wortwahl und Wortfeld, Bilder und Gleichnisse, Motive und Symbole, Denkformen und Wertsetzungen: will man auf solche einzelnen Charakteristika eines Werkes hinweisen, dann soll man im Sinne der Methode auf die Wechselwirkung mit dem Ganzen achten. Ganzheitlich zu sehen, wie es vor allem in der Gestaltpsychologie gelehrt wird, ist nach Meinung der Morphologen dem Kunstgebilde einzig adäquat. Es ist möglich, daß sich im Gesamteindruck die Resultate der Einzelbeobachtungen bestätigt wiederfinden, er könnte aber auch von jenen Resultaten abweichen, so daß zum Beispiel Gebilde, die unter dem Gattungsterminus «Lied» gefaßt werden, deren Einzelanalyse ebenso wie die einheitliche Struktur diesen Terminus rationaliter rechtfertigen, dennoch als Ganzes den Eindruck «Ballade» hervorrufen: es wird eine dramatische Handlung suggeriert, die in keinem einzelnen Vers fixierbar ist.

Typus. – Mit den genannten Anschauungsformen von Metamorphose, Entfaltung, Einheit und Ganzheit kommuniziert in der goetheschen und nachgoetheschen Morphologie die Vorstellung vom Typus. Wilhelm Troll zufolge ist die Aufstellung eines Typus «der entscheidende Kunstgriff, den Goethe anwandte, um zu einem vertieften Verständnis der organischen Gestalten zu gelangen»[30]. Der Name «Kunstgriff» ließe vermuten, Goethe habe hier willkürlich etwas konstruiert, während er aber überzeugt war, den Typus als das Urphänomen in der Natur vorzufinden. «Und es ist das ewig Eine,/ Das sich vielfach offenbart»[31]; dieses Durchgängige, das vornehmlich in Gestaltzügen auftritt, erlaubt ein übersichtliches Ordnen des im Realen verwirrend Vielseitigen. Goethe bildete morphologische Reihen gleicher und ähnlicher Gegenstände und kristallisiert dabei das, was allem Besonderen gemein ist, das All-Gemeine heraus und führt auf diese Weise zum «Typus» oder zur «Idee»[32]. Günther Müller will eine Reihenbildung in Goethescher Manier inaugurieren, ein Zusammentragen von dichterischen Einzelerscheinungen, um so auf das allen Gemeinsame hinzulenken. Eine derart induktive Methode kann in der Literaturwissenschaft auch als positivistisches Erbe angesehen werden; sie könnte zum Aufstellen eines dichterischen Urphänomens führen, so daß man in der Lage wäre, anhand dieses Typus, wie Goethe Pflanzen, so hier Dichtungen ins «Unendliche zu erfinden», die «konsequent» wären und eine «innerliche Wahrheit und Notwendigkeit» hätten[33]. Aber das Reihenbilden und Typuserstellen läßt sich auch auf einer weniger grundsätzlichen Stufe sinnvoll anwenden: dichterische Werke werden unabhängig von Zeit und Ort, in denen sie entstanden, nach gestalthaft ihnen eigentümlichen Merkmalen zusammengesetzt, miteinander verglichen, einander enger zugeordnet, so daß sich etwa im Hinblick auf die Gattungen und ihre Unterarten offene Fragen beantworten ließen. Roman, Novelle, Kurzgeschichte – wie sehen ihre Gestalttypen aus? Auch um die Eigenheiten von Symbol und Motiv zu scheiden, könnten Reihenbildungen wertvoll sein, das Durchgängige dieser literarischen Instrumente ließe sich erkennen. Mit dem «Typus» wird ein Identitätspunkt erstellt zum Zwecke der Kenntnis und der systematischen Ordnung, die als solche bereits die Wissenschaftlichkeit einer Methode fördert.

Wertung. – Bei einigen erwähnten Momenten dieser Methode ist der Gedanke gegenwärtig, daß mit Hilfe dieser Eigentümlichkeiten von Kunst, die aus der Naturbetrachtung entlehnt wurden, Werturteile gefaßt werden können, so daß sich sagen ließe, welches Werk im engeren Sinn zur literarischen «Kunst» gehöre, welches besser oder weniger gut sei[34]. Auf den ersten Blick scheint die Methode dazu angetan, nichts abzuwerten, da sie alle Gebilde als organisch entstanden, sich entfaltend aus einem Wesenskern, dem metamorphosenartigen Werdegesetz gehorchend, als notwendig so gewachsen erklärt und rechtfertigt. Einzelteile erscheinen innerhalb eines ganzen Lebenswerkes nie wertlos, einzelne Zeilen innerhalb eines Gedichtes nie ohne Bedeutung. Aber mit diesem Erklären ist mehr eine Hilfe zum Verständnis gemeint, als ein Werten in qualitativen Hinsichten.

Ganzheit. – Ein solches Werten ist dennoch mit einzelnen Kriterien der Methode gegeben; vor allem mit dem Ganzheitsgedanken, der sich über das Verstehen hinaus zu einem Wertmaßstab ausbauen läßt: Je geschlossener und ganzheitlicher eine Gestalt ist, je mehr ihre Notwendigkeit, ein Ganzes zu sein, erscheint, desto «wahrer» und «besser» erscheint sie dem morphologischen Blick. Sie ist dann autonom, man kann ihr weder etwas hinzufügen noch etwas wegnehmen. «Je stärker die Gestalt, um so stärkeren Widerstand leistet sie äußeren Eingriffen[35].» So urteilt die Gestaltpsychologie, und dies «stärker» ist im Falle der Literatur ein «besser».

Vollständigkeit. – Ein anderes Wertkriterium kann bei erhaltener Ganzheit in der Verschiedenartigkeit der Teile eines Werkes liegen und weiter in der Unterordnung untereinander. Goethe bemerkt im Hinblick auf die Naturwesen: «Je unvollkommener das Geschöpf ist, destomehr sind diese Teile einander gleich oder ähnlich, und destomehr gleichen sie dem Ganzen. Je vollkommner das Geschöpf wird, desto unähnlicher werden die Teile einander[36].»

Subordination. – Und: «Je ähnlicher die Teile einander sind, desto weniger sind sie einander subordiniert. Die Subordination deutet auf ein vollkommneres Geschöpf[37].» Dies auf die Literatur übertragen, ergibt als Maß die Vollkommenheit, die mit einer Vollständigkeit in engem Kontakt steht, es ist das Maß einer Universalität: ein alle Möglichkeiten in sich schließender Gestaltkörper, dem die positiven Prädikate Reichtum, Weite, Fülle, Komplexität gegeben werden können. Die Subordination deutet als Maßstab das Werthafte insofern an, als die Verschiedenartigkeit der Teile mit einer Rangordnung zusammengeht, so daß sich das divergierende einzelne doch zu einem Organismus des Ganzen fügt, das Werk als Spiegelbild des Kosmos zeigend. Ein Drama, in dem die Personen unterschiedliche Weisen des Menschseins vorführen, in dem aber doch sich die Verschiedenen wechselseitig und stufenweise zu einem Ganzen ergänzen, wäre besser als eines, das nur eine menschliche Möglichkeit zur Anschauung brächte, besser – wenn man zwischen Gattungen Komparative herstellen darf – als ein einsträngiges Gedicht. Auch die Wertung eines Romans, der umfassender versucht, vielen Horizonten standzuhalten, könnte auf dieser Basis vorgenommen werden. In einer solchen Wertskala stünde das barocke Gesamtkunstwerk an oberster Stelle; die Quantität, der Umfang wird entscheidend, der dann in Qualität sich wandelt. «Offenbar schafft die Quantität erst die Voraussetzung für bestimmte qualitative Möglichkeiten der Dichtung[38].» Eine weitere Wertungsmöglichkeit bietet sich an: wird das Vorhandensein von den zwei Entfaltungsprinzipien vorausgesetzt, der Vertikal- und Spiraltendenz, so ließe sich werten: dort, wo diese beiden dynamischen Kräfte im Gleichgewicht sind, wo das nach vorwärts Strebende mit dem in die Breite Wirkenden sich die Waage hält, ist eine schlüssige, einheitliche Gestalt geschaffen, eine vollkommene Ausgewogenheit. Auch hierfür ist Goethes Parallelanschauung im Pflanzenbereich vorhanden: «... im völligen Gleichgewicht bringen sie (die beiden Systeme) das Vollkommenste der Vegetation hervor»[39].

Horst Oppel nennt in seinem Prädikatenkatalog folgende Wertungen: gemacht oder gestaltet, gekünstelt oder gewachsen, gewollt oder erwirkt[40], wobei er über das morphologische Denken hinausgeht, indem er das bewußt Kunsthafte als das Gemachte, Gekünstelte und Gewollte abwertet und demgegenüber nur das «wie von selbst» Gewachsene und Natürliche gelten läßt. Solche Wertungen verfälschen den ursprünglichen Ansatz, der gerade das Kunsthafte bestehen läßt, es nur analog dem Naturhaften betrachtet, während Oppel, indem er das «Artistische» abwertet, sich lediglich der nationalsozialistischen Lehre anpaßt und nicht mehr morphologisch denkt. Lehnt Oppel das Artistische ab, weil es der Natur zuwiderläuft, so plädiert Gottfried Benn aus demselben Grunde dafür. Beide lassen die Einheit von Natur und Kunst, die Goethesche Einheit, nicht mehr gelten. Benn schreibt in einem Brief vom 18. 10. 36: «Daß sie alle im 19. Jahrhundert nur bis zu der Grenze kommen, wo unser Ansatz eigentlich erst beginnt, nämlich da, wo der Glaube an Harmonie u. Identität von Natur und Geist abbricht u. die neue Fragestellung nach der antinaturalistischen Aufgabe des Geistes beginnt, geht aus Ihrem klaren u. instruktiven Nachwort besonders deutlich hervor. Das Zeitalter nach Goethe –, das sind wir u. das ist noch nicht ausgeschrieben[41].» Hier hat die morphologische Einheitslehre ihre Gegner. Bei Dichtungen, die einer solchen «antinaturalistischen» Haltung entsprechen, ist das Gestaltsehen nicht mehr sinnvoll anwendbar, sind die mit ihm verbundenen Werte hinfällig.

Stellung zur Geschichtlichkeit. – Ähnlich der existentiellen und der phänomenologischen Methode wollen die morphologisch Orientierten eine Abkehr vom Historischen vornehmen. Günther Müller schien die Literaturwissenschaft von «Friedrich Schlegel und Gervinus bis zu Nadler und Korff» vorwiegend «historisch» ausgerichtet[42], während die dichterische Gestalt als Beweis und Quelle historischer Erkenntnis geachtet wurde. Die Gestaltlehre aber sieht ab von historischen Merkmalen und geht werkimmanent vor. Wenn Oppel vorschlägt, die morphologische Sichtweise auf die Dichterbiographie anzuwenden, ist das ein Zugeständnis an die Geschichtlichkeit und damit wiederum ein Abrücken von den ursprünglichen Intentionen, die auf das Werk und nicht auf das Leben des Dichters zielten.

Bei der soziologischen Methode handelt es sich um ein Verfahren, das trotz seiner bis ins neunzehnte Jahrhundert zurückreichenden Geschichte noch im Werden ist. Das im Folgenden Referierte und Gemeinte kann also nur den derzeitigen Stand dieses Neuen umschreiben, nicht eine endgültige Fassung. Der Stand ist objektiv fragmentarisch.

Mögliche Begründungen für das Auftreten dieser Methode. – Das seit einigen Jahren immer intensiver werdende Bestreben, soziologische Verfahren auf Literatur anzuwenden, scheint in mehreren historisch konkreten Motivationen begründet, wobei die Reihenfolge keiner Rangfolge entspricht:

Erstens ist das Verfahren motiviert durch die sich verfestigende Erkenntnis von der Bedeutung der wirtschaftlich-sozialen Verhältnisse.

Zweitens entspricht dieses Verfahren dem zunehmenden Bewußtsein von «Zusammenhang», der seine schlagendste Notwendigkeit auf dem ökonomischen Sektor dokumentiert und auf die anderen gesellschaftlichen Tätigkeiten ausdehnt. Isolationstheorien sind den konkreten Erfordernissen nicht mehr adäquat.

Drittens ermöglicht die im soziologischen Verfahren verwirklichte dialektisch-materialistische Denkart einen rationaleren Umgang mit Literatur als die bisherigen Verfahren. Eine Nähe zur positivistischen Methode ist gegeben: Das Abweisen jeder Art von Transzendenz im literarischen Kunstwerk, das Negieren des Dichters als gottähnlichen Schöpfer, und damit ein Unterstellen der Literatur unter eben dieselben Gesetze, denen die übrige empirische Welt untersteht. Es ist die Rationalität, die interessiert, sie entspricht dem «technischen Zeitalter».

Viertens geht in die soziologische Methode in Konsequenz von Rationalität die sozialkritische Tendenz unserer Zeit ein. Ihr ist inhaltlich immanent die Perspektive auf das Aufheben von «Entfremdung» und das Überwinden von erfahrener «Verdinglichung». (Es ist hier nicht der Ort, die durch häufigen Gebrauch zur Phrasenhaftigkeit erstarrten Inhalte dieser Termini wieder als aktuelle und berechtigte Inhalte auszuweisen. Eine solche Analyse muß, etwa unter dem Stichwort «Polit-Ökonomie» und deren Folgerungen, innerhalb des Studiums mit geleistet werden.) Die Sozialkritik ist fundiert auf den Forderungen nach einer «klassenlosen Gesellschaft», also nach dem Abbau von Herrschaftsverhältnissen jeder Art und dem Durchsetzen einer ökonomisch begründeten Gerechtigkeit und Gleichheit. Es ist die von Marx angestrebte «menschliche Gesellschaft oder die gesellschaftliche Menschheit»[1].

Ohne diese inhaltlichen Momente bliebe die Methode weitgehend sinnleer. Ein bloßes Anwenden neuer rationaler Einsichten, eine rein empirisch konstatierende Soziologie der Literatur mit dem Ziel, die Strukturen der vorhandenen Beziehungen besser aufzudecken, entspräche nur einem Mehr an operationalen Fertigkeiten und selbstgenügsamen Erkenntnissen. Die relevanten Konsequenzen hingegen liegen im Mehr an Entscheidungen, die jeweils im Anschluß an die historisch-soziale Situation zu treffen sind und die weiterführen zu Orientierungen in der jeweiligen gesellschaftlichen Praxis: Das bloße Aufdecken sozialer Beziehungen findet erst sein sinngebendes Korrelat in dieser kritischen Reflexion, die den Mut hat, Entscheidungen zu fällen, wert- und zielorientiert auf konkrete Gesellschaft hin. Aufdecken trifft Gegebenes, Überprüfen und inhaltlich kritische Bestimmungen richten sich auf Zukünftiges. Diese Perspektivenhaltung bleibt der Methode wesentlich.

Und hierin liegt der wichtigste Einwand gegen die positivistisch, bloß empirisch vorgehende Literatursoziologie; nicht darin, «daß bei positivistisch ansetzenden Analysen das Kunstwerk selbst mit seinen ästhetischen Qualitäten ganz aus dem Spiel bleibe»[2]. So meinte ein Rezensent des neuesten Werkes «Literaturwissenschaft und Sozialwissenschaften» von 1971.

Statt – um denselben Gedanken noch einmal anders zu formulieren – die Einbeziehung des Historisch-Gesellschaftlichen zugleich als Aufschluß darüber zu betreiben, was menschliche Gesellschaft in der jeweiligen Situation sein könnte und sein *sollte*, bleibt die «soziologische Betrachtung der geistigen Gehalte» ... «nur eine bestimmte Art der positivistischen Außenbetrachtung überhaupt», wie der Soziologe Karl Mannheim annimmt; für ihn hat sie nur eine andere «Beziehungsebene» als etwa jene der «biologischen Momente, wie Rasse, oder der psychologischen Momente, wie Macht-, Nahrungs- und sonstige Triebe»[3]. Mannheim übersieht hier die Implikation von gesellschaftlicher Perspektive, von dem Sollensmoment, das einer Wissenschaft beigemessen wird im Unterschied zu früheren «objektiven» Wissenschaften.

Bevor die einzelnen Aspekte der Methode anrißweise zu beschreiben sind, ist eine Abgrenzung erforderlich von «Soziologie der Literatur» und «Literatursoziologie», die sich an die eben gegebene inhaltliche Begründung anschließt.

Soziologie der Literatur. – Wenn in theoretischen Arbeiten westlicher Provenienz über die soziologische Methode gesprochen wird, so oft unter dem Titel «Literatur und Gesellschaft» oder «Soziologie der Literatur». Der so umschriebene Themenkreis ist nicht identisch mit dem soziologischen Verfahren im engeren Sinn. «Literatur und Gesellschaft» – so betitelt bei Wellek/Warren[4] – meint, daß die Literatur lediglich zum *Material* soziologischer Forschung wird; Einzelheiten werden entnommen, die soziologisch zu betrachten sind. Nach diesem ersten Schritt der Auswahl sind die Untersuchungen nicht mehr methodisch gebunden, wenn man auch gewisse soziologische Methodenmomente aus Gründen des soziologischen Stoffes zugesteht. – Wellek/Warren nehmen eine Dreiteilung dieses Themas vor: erstens könne man fragen nach der «Soziologie des Dichters», also nach der Art dieses «Berufes», nach der wirtschaftlichen Lage der Autoren, der «gesellschaftlichen Herkunft und Stellung»[5] – Fragen, die sich aus der Biographie des Autors und der Sammlung sozio-ökonomischer Fakten beantworten lassen. Zweitens könne man fragen nach dem «gesellschaftlichen Gehalt», wobei auch literarische Dokumente von Belang werden, die nicht zur «Literatur» gehören. Diese Gruppierung nach gesellschaftlichem Gehalt ist eine Arbeit der erweiterten Motivforschung, es werden bei einem derart «soziologischen» Vorgehen immer nur dieselben Werke erscheinen, in denen gesellschaftliche Ideen, Wunschvorstellungen oder Problemfragen bedeutend sind. Drittens schließlich wird empfohlen, den «Einfluß der Literatur auf die Gesellschaft» zu untersuchen, wobei gegenüber Wellek/Warren erst einmal kritisch zu klären wäre: auf welche Gesellschaft? Auf die jeweils «gute» Gesellschaft, auf die der «Gebildeten» oder auf die Gesellschaft der Menschen allgemein? Dann wäre zu klären: wie weit erstreckt sich das, was hier «Einfluß» genannt wird? Liegen politische Auswirkungen von Literatur, auch wenn sie durch vielfache Vermittlungen entstanden sind, noch im Einflußgebiet? Oder ist «Einfluß» nur in der direkten Ursache-Wirkungs-Ordnung zu verstehen? Die Verfasser gehen auf diese Fragen nicht ein, und ihre drei Programmpunkte bleiben rein äußere Merkmale, die nur etwas über die Auswahl des Gegenstandes aussagen.

Einem derartigen Arbeitsprogramm ließe sich noch das Thema

«Soziologie des Buches» hinzufügen. Alle vier Forschungsmöglich-
keiten stehen eher dem Soziologen als dem Literaturwissenschaftler
zu, sie isolieren das soziale Element, so daß daneben eine selbständige
Disziplin «Literaturwissenschaft» mit einem nur ihr eigenen Gegenstand übrigbleibt. Diese Abspaltung will Hans Norbert Fügen in
seiner groß angelegten Arbeit *Die Hauptrichtungen der Literatursoziologie und ihre Methoden* (1964) rechtfertigen, indem er die
Literatur vissenschaft einteilt in Literaturgeschichte und Literaturkritik, zu der er Interpretation und Betrachtung der Literatur als
ästhetisches Phänomen rechnet. Neben dieser eigentlichen Literaturwissenschaft gäbe es die «Literatursoziologie»[6], die die Literatur als
«soziales Phänomen» behandle[7], die mithin nur auszusondernde
Teilaspekte zum Objekt habe und die Dichtung als Dichtung nicht
berührt.

Literatursoziologie. – Im Unterschied dazu richtet sich die eigentliche Literatursoziologie und mit ihr die «soziologische Methode»
auf das Gesamtphänomen Literatur und darüberhinaus auf das
Gesamtphänomen Gesellschaft, in der Literatur nur als ein Moment
des Zusammenhangs erscheint. Die Beziehungen zwischen Literatur
und Gesellschaft werden nicht abgesondert, um dann doch einen
Rest, das Wesentliche, zurückzubehalten, sondern alle Aspekte aller
literarischen Produkte werden mit Hilfe soziologischer Kategorien
erfaßt und in den sozialen Zusammenhang gestellt. Biographie,
Herkunft und Stellung des Dichters, Entstehung des Werkes, Gehalt,
Sprachform und Stil, Wert und Wirkung. Und dies nicht aus
Spezial-Interesse für das Soziologische an der Literatur, oder weil
Literatur auch so gesehen werden kann, sondern weil Literatur
wesentlich Ausdruck eines gesellschaftlich lebenden Individuums ist.
Das Gesellschaftliche ist in ihr notwendig mitgegeben. Gegen die
Behauptung von literaturwissenschaftlicher Seite, daß gesellschaft-
liche Begriffe für literarische Kunst inadäquat seien und nur Hetero-
nomes an die Kunst herantrügen, niemals das Eigentliche von
Dichtung erreichten, hat Theodor W. Adorno 1957 geradezu phänomenologisch gefordert und die Forderung als erfüllbar erachtet: «Das
Verfahren muß, nach der Sprache der Philosophie, immanent sein.
Gesellschaftliche Begriffe sollen nicht von außen an die Gebilde
herangetragen, sondern geschöpft werden aus der genauen Anschauung von diesen selbst[8].» Anschauung der Sachen selbst, Phänomenologie, sie meint Adorno hier mit «Sprache der Philosophie».
Eine derart umfassende Literatursoziologie rangiert bei Fügen und

anderen unter der Rubrik «marxistische Literaturbetrachtung». Die Neigung sei nicht zu übersehen, «marxistische Literaturbetrachtung für Literatursoziologie zu halten»[9]. In der Tat.

Grundlagen. – Der Marxismus mit allen seinen weiterentwickelten Formen bildet die historische Grundlage für ein soziologisches Verfahren. Dazu gehört philosophischerseits die dialektisch-materialistische Geschichtsauffassung und die eingangs erwähnte Prävalenz des Rationalen; weiter die ebenfalls schon angesprochene Theorie des Zusammenhangs aller realen Einzelphänomene, die Theorie des materialistischen Monismus. Soziologischerseits gehören dazu die von Marx-Engels und seinen Nachfolgern erarbeiteten Gesellschaftstheorien mit ihren ökonomischen Implikationen.

Standardwerke, die diese Grundlagen aufdecken und versuchen, sie für eine literaturwissenschaftliche Methode fruchtbar zu machen, sind Arbeiten folgender Autoren: Marx und Engels, deren in vielen ihrer Werke verstreute theoretisierende und praktisch angewendete Äußerungen in den beiden Bänden *Über Kunst und Literatur* gesammelt sind; Georg Lukács vor allem, als umfassender und einflußreichster Theoretiker, der in ständigen Denkprozessen von Hegel über Marx/Engels bis zu aktuellsten sozialistischen Fragen von Politik und Kunst fortging; Lucien Goldmann mit seinen Überlegungen insbesondere zur Soziologie des Romans, Arnold Hauser mit seiner *Sozialgeschichte der Kunst und Literatur*, Werner Krauss und Paul Rilla. Textsammlungen zur Methode liegen vor von F. J. Raddatz und V. Žmegač. Neuere Arbeiten aus der BRD in dem Sammelband *Literaturwissenschaft und Sozialwissenschaften,* die Untersuchung einer speziellen Phase der Diskussion um marxistische Literaturtheorie in der Arbeit von H. Gallas über den Bund proletarisch-revolutionärer Schriftsteller (BPRS); aus der DDR von W. Mittenzwei, H. Kauffmann, D. Sommer u. a. Für 1972 ist eine *literatursoziologische Zeitschrift* geplant, zu deren Ausarbeitung sich eine Gruppe Wissenschaftler zusammengeschlossen hat[10]. Denn bei der Vielfalt der bisherigen Untersuchungen sind zwar die Prinzipien einigermaßen bekannt, aber die einzelnen theoretischen Probleme ebenso wie die praktischen Ausführungen im Umgang mit einzelnen literarischen Werken liegen bisher mehr als Aufgaben formuliert denn als Lösungen vor. Vorläufig geht noch die Theorie der Praxis voran.

Es folgen hier einige ausgewählte, grundlegende Aspekte dieser Methode:

84

Gesellschaftlichkeit und Geschichtlichkeit. – Gesellschaftlichkeit des Menschen als ein leitendes Moment dieser Methode impliziert Geschichtlichkeit. Beide Momente meinen jeweils die realen konkreten Gegebenheiten. Demnach ist es sinnlos und führt zu falschen Ergebnissen, wenn Person oder Werk des Dichters von diesen Faktoren isoliert würden. Es gibt kein zeit- und raumenthobenes An-sich. «Anlage, Talent etc. sind zwar angeboren, wie sie jedoch sich entfalten oder verkümmern, sich ausbilden oder verzerren, hängt von den Wechselbeziehungen des Schriftstellers mit dem Leben, mit seiner Umgebung, mit seinen Mitmenschen ab. Dieses Leben ist objektiv – einerlei, ob der Schriftsteller dies weiß oder nicht, einerlei, ob er ein solches Verhalten wünscht oder verwünscht – ein Teil des Lebens seiner Gegenwart; es ist deshalb (...) seinem Wesen nach gesellschaftlich-geschichtlich[11]. So konstatiert Lukács in einer Phase dieser Methode, in der die Gebundenheiten noch keineswegs anerkannt waren. Heutzutage werden zum soziologischen Ansatz, der die historisch-soziale Bindung des Autors berücksichtigt, auch jene des Betrachters (Kritikers, Wissenschaftlers) hinzugenommen. Über die Vermittlungsketten, die zu beiden Bewußtseinstätigkeiten, des Autors wie des Rezipienten, geführt haben, ist zu reflektieren. Dieser doppelt soziologische Verfahrensmodus bedingt ein kompliziertes Manöver, das wissenschaftstheoretisch auch unter dem Stichwort «Hermeneutik» vornehmlich für die Rezipientenseite durchdacht, aber bisher noch wenig praktisch umgesetzt wurde[12]. Auch hier sind in der Tradition des Faches Vorarbeiten zu finden; so etwa bei Dilthey, der um 1910 als Grundlage für die Literaturwissenschaft feststellte: «Menschheit oder menschlich-gesellschaftlich-geschichtliche Wirklichkeit» sind die gemeinsamen Tatsachen, die alle Geisteswissenschaft verbinden und die diesen Wissenschaften den Schein der isolierten Eigenständigkeit nehmen[13].

Soziologische Interpretation «hinterrücks». – In dem Zitat von Lukács heißt es «ob der Schriftsteller dies weiß oder nicht», – ein verbindendes «oder» also, im Sinne von «sowohl als auch», und diese Doppelstellung von Wissen und Nichtwissen ist methodisch leitend bei der Interpretation von Texten. Vokabelmäßig kann man dafür «Bewußtsein» und «Nichtbewußtsein» setzen. Dann wird soziologisch interpretiert *sowohl* mit den *bewußten* Absichten, dem Wissen und den erklärten Theorien des Autors, *als auch* mit den ihm *unbewußt* gebliebenen Zusammenhangslinien zum gesellschaftlichen Prozeß. Soziologisch vorgehen heißt daher häufig: hinter dem Rücken des Autors vorgehen. Sein Werk von außen als Objekt in anderen Strukturen sehen als es sich von innen, als Subjekt, sehen würde.

Drei Beispiele:

1. Georg Lukács deutet im Anschluß an Engels die Romane Balzacs als Werke mit progressiven Sozialinhalten, obwohl Balzac in seinen ihm bewußten Stellungnahmen den Klassenstandpunkt der reaktionären Aristokratie vertrat. Balzac habe «wider Willen, Bewußtsein und Absicht» die «treibenden Kräfte der gesellschaftlichen Entwicklung» zur Erscheinung gebracht[14]. Um diese Analyse durchführen zu können, muß Lukács den Text in Beziehung setzen zu den politischen Ansichten Balzacs, zur sozialen Lage der Zeit und dann zum Gesamtverlauf der gesellschaftlichen Entwicklung bis hin zu seiner eigenen Gleichzeitigkeit. Nur so ist der Widerspruch reaktionär/progressiv zu beweisen.

2. Hans-Heinrich Reuter interpretiert Fontanes Erzählung *Schach von Wuthenow* eindeutig als Darstellung der gesellschaftlichen Verhältnisse um 1806 (Zeitpunkt des Erzählten) und der gesellschaftlichen Verhältnisse um 1880 (Zeitpunkt der Niederschrift). Er sieht in der handlungauslösenden Idee der Ehre und der Gegenidee der Lächerlichkeit für die Gesellschaftsregeln beider Zeiten typische Überbauphänomene, so daß die Erzählung eine, jene gesellschaftliche Lage repräsentierende Funktion und, da sie diese Lage negativ kritisiert, eine historisch progressive Funktion erhält. Fontane selbst hingegen sieht wohl die preußische Zuspitzung dieser Ideen, aber erklärt zugleich den Wunsch, die Ehre eines einzelnen zu schätzen als allgemein menschlich, und er will diesen, nicht gesellschaftlich speziellen Zug einleuchtend werden lassen. So schreibt er in einem Brief: «Die Furcht vor dem Ridikül spielt in der Welt eine kolossale Rolle.» (19. 7. 1882). Erst hinter dem Rücken Fontanes kann Ehre und Lächerlichkeit durch Aufdecken anderer sozialer Richtlinien als von ihrer «kolossalen Rolle» entbunden und damit die Erzählung als sozialhistorisch fixiert *und* als fortschrittlich erkannt werden.

3. Franz Kafka hat nicht viel über Kapitalismus und die mit diesem zusammenhängende ‹Arbeitsteilung› und ‹Entfremdung› reflektiert. In seinem *Amerika*-Roman hat er sich erschreckend wenig an die von ihm in anderer Hinsicht rezipierte Vorlage gehalten, die soziologisch genau den kapitalistischen Wirtschaftsaufbau als Ursache des Grauens zeigt. Für ihn waren es allgemein menschliche Grauen. Demgegenüber haben die Prager Kafka-Konferenz (1965) und heute gängige soziologische Interpretationen in Kafkas Werk eine sinnliche

Umsetzung des Unmenschlichwerdens durch kapitalistische Herrschaftstechniken, der Entfremdung des Menschen vom Menschen und der Isolation des einzelnen in der Konkurrenzwirtschaft und Arbeitsteilung erkannt. Wider Kafkas eigenes Wissen, wider seine eigene Absicht, hinterrücks.

Soziologie der literarischen Formen. – Der immer noch lautwerdende Vorwurf gegen die soziologische Methode, sie halte sich mit ihren Prinzipien vorwiegend an die Inhalte von Literatur, ist unberechtigt. Schon die theoretischen Grundlagen der Dialektik verwehren jegliche Einseitigkeit oder Abspaltung. Behält man die traditionellen Begriffe «Form» und «Inhalt» bei, so ist immer von einem wechselseitigen Ineinander und von einer gegenseitigen Abhängigkeit auszugehen. Da das Inhaltliche aber leichter zu greifen, waren anfangs diese Betrachtungen kompakter, auch im Gefolge des «Inhaltismus», der bei der Frage sozialistischer Kunst den Vorrang hatte; aber schon die ausgiebigen Debatten um den Realismus, die mit den Ansätzen der Methode Hand in Hand gingen, zeigen die Einbeziehung des Stils oder der Form. Lukács hat sich fortwährend um eine Soziologie der literarischen Formen bemüht. In seinem Aufsatz *Erzählen oder Beschreiben?* stellt er fest: «Neue Stile, neue Darstellungsweisen entstehen nie aus einer immanenten Dialektik der künstlerischen Formen, wenn sie auch stets an die vergangenen Formen und Stile anknüpfen. Jeder neue Stil entsteht mit gesellschaftlich-geschichtlicher Notwendigkeit aus dem Leben, ist das notwendige Ergebnis der gesellschaftlichen Entwicklung[15].»

Und dieser Tatsache gehorchend, versucht Lukács im gleichen Aufsatz, die literarischen Formen des Beschreibens, auch des Erzählens soziologisch zu erklären, er führt das Beschreiben auf die im neunzehnten Jahrhundert komplizierter gewordenen Beziehungen zwischen dem Individuum und seiner Klasse zurück, auf das Spezialistwerden durch die kapitalistische Arbeitsteilung: der Schriftsteller werde zum Berufsschriftsteller, er vereinsame, sein Buch werde zur Ware u. ä. Diesem Beispiel analog können Stile und Formen genauso wie Inhalte soziologische Erklärung und Deutung erfahren. Eine Soziologie der literarischen Gattungen (Drama, Lyrik, Epik) ist möglich.

Werten. – Ist mit der Erklärung aus gesellschaftlicher Notwendigkeit auch die Berechtigung des so Erklärten erwiesen? Enthebt die soziologische Analyse den Betrachter einer richterlichen Stellungnahme, da sie das Gewordensein von Stil und Inhalten einsichtig macht? «Die soziale Notwendigkeit eines bestimmten Stils zu begreifen, ist etwas anderes, als die künstlerischen Folgen dieses Stils ästhetisch zu bewerten.» Die Notwendigkeit der Entstehung macht die Stile künstlerisch noch lange nicht «gleichwertig oder gleichrangig»[16]. So hält Lukács das Tor zu einer wertenden Haltung offen. Der Widerspruch zwischen Notwendigkeit und einer möglichen Freiheit, die erst Bewertung gerecht werden ließe, kehrt bei der Diskussion um das Basis-Überbau-Verhältnis wieder; hier soll erst einmal festgehalten werden, daß das Stellungnehmen, der ganze Arbeitsbereich des Wertens, der bei den bisher dargestellten Methoden entweder ganz ausgeklammert ist (positivistische, geistesgeschichtliche und phänomenologische Methode) oder nur zufällig gestreift wird (existentielle und morphologische Methode), der soziologischen Methode immanent ist. Werten ist eine bewußt integrierte Zielvorstellung, wenn sie auch nicht in jedem einzelnen Arbeitsschritt realisiert wird. Erst einmal könnte beim Aufweisen der jeweiligen historisch-gesellschaftlichen Situation das Werten suspendiert werden, dann aber gehört es zum Gang der Untersuchung notwendig mit dazu.

Als Ausgangspunkte dienen an «Gesellschaft» orientierte Wertvorstellungen, die dann sowohl Inhalte als auch ästhetische Momente der Literatur betreffen können. Fügen wendet sich zugunsten seiner «empirischen Literatursoziologie» gegen das Werten als wissenschaftliche Handlung. Denn, so argumentiert er, «indem die Literatursoziologie das literarische Werk nicht als künstlerisches, sondern als soziales Phänomen betrachtet, fällt für sie die Möglichkeit der ästhetischen Wertung fort»[17]. Dem gegenüber steht die These der soziologischen Methode, wie sie in marxistischen Zusammenhängen verstanden wird, und wie sie einzig sinnvoll erscheint, daß soziale Bedingungen bis hinein in die Sphäre des nur in idealistischer Weise abgetrennten Ästhetischen bestimmend sind, daß folglich auch das Ästhetische beurteilt werden kann. Fügen will, um Wissenschaftlichkeit für die Methode zu retten, das Werten vom Beschreiben trennen, er will der Literatursoziologie nur «Werthaltungen als Forschungsobjekt»[18] zugestehen. Das heißt, daß literatursoziologisch nur beschrieben und eingeordnet werden darf, was die einzelnen Dichter an Wertvorstellungen hatten, der Darstellende darf sich aber keinerlei Entscheidungskompetenz über diese Wertvorstellungen anmaßen, irgendeine Werthaltung einzunehmen sei wissenschaftsfremd.

Angesichts einer bewußt wertenden Haltung, die gerade darin dem

Anspruch von Literaturwissenschaft gerecht zu werden gedenkt, trifft der von Wellek/Warren repräsentativ für viele erhobene Vorwurf ins Leere: «Marxistische Literaturkritiker untersuchen nicht nur diese Beziehungen zwischen Literatur und Gesellschaft; (...) Sie üben eine auswertende, ‹richterliche› Kritik, die sich auf nichtliterarische, politische und ethische Kriterien stützt. (...) Sie studieren nicht nur die gegebene Literatur und Gesellschaft, sondern sie sind Propheten der Zukunft, Mahner, Propagandisten; und sie haben Schwierigkeiten, diese beiden Funktionen voneinander getrennt zu halten[19].» Eher haben sie Schwierigkeiten, sie zusammenzubringen. Die Literaturwissenschaft muß die Freiheit haben, Wertungen mit zu meinen, da sie in einen Gesamtkonnex eingegliedert ist, der von sich aus mit Wertungen durchsetzt ist.

Geschichtswissenschaft und Soziologie und Literaturwissenschaft. – Die verschiedenen Forderungen dieser Methode bedingen, daß die Literaturwissenschaft, bisher höchstens auf die politische und innergeistige Geschichte, nicht aber auf die ökonomische ausgedehnt, jetzt die Nachbardisziplinen mit überblickt. Es müssen Kenntnisse sowohl historisch-politischer Art als auch ökonomischer und sozialer für den jeweils betreffenden Zeitraum des Dichters, der Wirkungsgeschichte seines Werkes und den eigenen erworben werden. Der Literaturwissenschaftler hat idealiter zugleich Historiker und Soziologe zu sein. Das ist von einem einzelnen nicht mehr zu leisten; so daß auch vom Objektbereich her Kollektiv- oder Gruppenarbeiten gerechtfertigt sind. Eine Umstrukturierung der Arbeitspraxis ist notwendig geworden.

Form des Verhältnisses Literatur und Gesellschaft. – Werden Geschichtswissenschaft und Soziologie einbezogen, und steht als Ziel das Erkennen des Zusammenhangs von Literatur und Gesellschaft am Ende, dann treten zwei Fragen als zentral auf:

1. Wie sind die Momente des Zusammenhangs von einander abzuheben? Somit: Wo verlaufen die Definitionsgrenzen? Und *2.* Wie wird die Art und Weise, der Modus des Zusammenhangs gesehen? Von welcher Art Zusammenhang soll man bei der praktischen Arbeit ausgehen?

Zu 1.: Als «Gesellschaft» kann man das bezeichnen, was den Schriftsteller direkt umgibt, seine eigene Klassenlage, seine für ihn gültigen ökonomischen und sozialen Verhältnisse. Als «Literatur» gilt dann nur dies eine Werk, das zur Diskussion steht, als Produkt eines einzelnen, definiten Bewußtseins. Beide Momente wären auf das

Individuum bezogen; die positivistische Milieutheorie verfuhr so. Im neuen Ansatz geht man vom vereinzelten Individuum weg, sieht es im Sinne von Marx als ein «ensemble der gesellschaftlichen Kräfte» (6. These über Feuerbach) und setzt statt der Mikrogesellschaft die gesamtgesellschaftliche Struktur, in der dann das jeweilige Milieu nur als ein Faktor erscheint. Die literaturwissenschaftliche Arbeit hat dann auch das bloßzulegen, was nicht zur unmittelbaren sozialen Umgebung des Autors gehört, sondern was die gesamten Fakten des sozio-ökonomischen Sektors umfaßt, die Produktionsverhältnisse und die Form der Produktivkräfte. Dafür setzt man den seit Marx gebräuchlichen Ausdruck «Basis» oder «Unterbau». In gleicher Weise ausgeweitet wird der Begriff des individuellen Bewußtseins und sprachlich gefaßt als «Überbau». Die Definitionsgrenze entspricht einem statischen Nebeneinander von Bewußtsein und Sein, obschon realiter ein dynamisches Ineinanderübergehen zu konstatieren ist, mit dem aber begrifflich nicht leicht zu arbeiten wäre.

Zu 2.: In der Frage nach dem Modus des Zusammenhangs zwischen Basis und Überbau ist das wichtigste theoretische Problem der Methode enthalten. Es deckt sich weitgehend mit dem Zentralproblem der Philosophie überhaupt, nämlich mit der Frage: Ist die Materie (Sein) oder das Bewußtsein das Primäre? Im marxistischen Bereich wird diese Alternative «Grundfrage der Philosophie» benannt[20], und je nach Antwort sieht man die Philosophiegeschichte in Materialismus oder Idealismus gespalten. Mit der für die soziologische Methode gegebenen Voraussetzung des Materialismus ist die Priorität der Materie, das ist spezifiziert: des materiellen Seins und weiter des gesellschaftlichen Seins impliziert. Darauf bauen die Überlegungen für den Zusammenhang auf. Bei allen Vertretern dieser Richtung finden sich verschiedene Ausdrücke, die Verbindung sprachlich festzumachen: Zusammenhang, enges Band zwischen, entsprechen, ähneln, Wechselwirkung, Wechselbeziehung. Bei solchen Termini scheinen beide Begriffspartner gleichgewichtig gedacht, während bei: abhängig sein von, beruhen auf, Teil sein von, herleiten aus, erklären durch, Produkt sein von, widerspiegeln – der Gedanke der Priorität des einen Partners sichtbar wird. Das Fundierungsverhältnis ist festgelegt: eine objektiv gegebene Herrschaftsstruktur von unten nach oben. «Unter» und «über» sind nur die Metaphern, die diese Struktur anzeigen sollen. Durch das abstrakt gedachte und konkret abgesicherte dialektische Element soll aber verhindert werden, daß nur eine einseitige Bestimmungsrichtung angenommen wird, wie sie in einer bloßen Kausalitätsbeziehung vorhanden wäre: Ökonomie = Ursache, Literatur = Wirkung. Stattdessen gilt: Wechselwirkung mit Priorität der Basis der materiellen Bedürfnisse. «Dialektischer, basisbegründeter Determinismus» ist vorerst die begriffliche Formel.

Zur Verdeutlichung seien einige Sätze der Theoretiker zitiert: «Die politische, rechtliche, philosophische, religiöse, literarische, künstlerische usw. Entwicklung beruht auf der ökonomischen. Aber sie alle reagieren auch aufeinander und auch auf die ökonomische Basis. Es ist nicht so, daß die ökonomische Lage Ursache, allein aktiv ist und alles andere nur passive Wirkung, sondern es ist Wechselwirkung auf der Grundlage der in letzter Instanz stets sich durchsetzenden ökonomischen Notwendigkeit[21].» (Engels) – «Diese immanenten Zusammenhänge existieren zweifellos in der objektiven Wirklichkeit, aber bloß als Momente des historischen Zusammenhanges, des Ganzen der historischen Entwicklung, innerhalb welchem dem ökonomischen Faktor: der Entwicklung der Produktivkräfte – im Komplex der komplizierten Wechselwirkungen – die primäre Rolle zufällt[22].» (Lukács) «Auch die Nebelbildungen im Gehirn der Menschen sind notwendige Sublimate ihres materiellen, empirisch konstatierbaren und an materielle Voraussetzungen geknüpften Lebensprozesses. Die Moral, Religion, Metaphysik und sonstige Ideologie und die ihnen entsprechenden Bewußtseinsformen behalten hiermit nicht länger den Schein der Selbständigkeit. (...) Nicht das Bewußtsein bestimmt das Leben, sondern das Leben bestimmt das Bewußtsein[23].» (Marx) «Mit der Veränderung der ökonomischen Grundlage wälzt sich der ganze ungeheure Überbau langsamer oder rascher um. In der Betrachtung solcher Umwälzungen muß man stets unterscheiden zwischen der materiellen, naturwissenschaftlich treu zu konstatierenden Umwälzung in den ökonomischen Produktionsbedingungen und den juristischen, politischen, religiösen, künstlerischen oder philosophischen, kurz, ideologischen Formen, worin sich die Menschen dieses Konflikts bewußt werden und ihn ausfechten[24].» (Marx) «Um den Zusammenhang zwischen der geistigen Produktion und der materiellen zu betrachten, ist es vor allem nötig, die letztre selbst nicht als allgemeine Kategorie, sondern in *bestimmter historischer* Form zu fassen. Also z. B. der kapitalistischen Produktionsweise entspricht eine andre Art der geistigen Produktion als der mittelaltrigen Produktionsweise. Wird die materielle Produktion selbst nicht in ihrer *spezifischen historischen* Form gefaßt, so ist es unmöglich, das Bestimmte an der ihr entsprechenden geistigen Produktion und die Wechselwirkung beider aufzufassen[25].» (Marx)

Bedingtheit. – Statt Kausalität also ist Bedingtheit anzusetzen, um damit dem komplizierten Wechselverhältnis auf die Spur zu kommen. Bedingtheit ist ein Zusammenhangsmodus, der nicht eindeutig empirisch nachzuweisen ist, der nicht dem positivistischen Wissenschaftsideal von Nachprüfbarkeit entspricht, wie es Determiniertheit oder Kausalität tun. Adorno hat dies in der Kontroverse mit den Positivisten und deren Abkömmlingen betont. Obwohl er nur Ereignisse auf der Ebene sozialen Handelns im Auge hat, denkt er sogar innerhalb dieser: «Verlängert führen die Linien auf das soziale Geflecht. Zwar ist es, um der unendlichen Vielzahl seiner Momente willen, kaum nach szientifischen Vorschriften in den Griff zu bekommen. Eliminiert man es jedoch aus der Wissenschaft, so werden die Phänomene falschen Ursachen zugerechnet; regelmäßig profitiert davon die vorwaltende Ideologie[26].» Das charakterisiert erst recht das Verhältnis Basis/Literatur, wo zu der Vielzahl der Momente noch diejenige der Vermittlungsformen, offen oder verdeckt, hinzukommt. Im Bedingtheitszusammenhang ist die Möglichkeit gegeben, daß im Bedingten, der Literatur, etwas Neues auftaucht. Bedingtheit konstituiert ein Moment von Freiheit im Überbau, ohne damit die idealistische Selbständigkeit des Bewußtseins wieder einzuführen. Als Formel: Die sozio-ökonomischen Fakten sind fundierend, bestimmen aber nicht vollkommen.

Der subjektive Faktor. – Die Bedingtheitsformel wird unterstützt durch die Umschreibungen zum Denkfeld «subjektiver Faktor». Obwohl man einerseits die «Faktorentheorie» als unmarxistischen Soziologismus ablehnen kann, da sie von abstrakt isolierten Formen ausgeht (statt wie der Marxismus von genuinen Zusammenhängen), ist andererseits der Ausdruck «Faktor» zur Verständigung besonders brauchbar und wird vielfach angewendet. Dabei ist gewiß der Zweck das analytische Auseinanderhalten (eine scheinbar unmarxistische Operation), aber doch nur als Zwischenstation auf ein Ziel hin, an dem gerade der Zusammenhang plausibel wird.

Der «subjektive Faktor», das soll heißen: die Tätigkeit des Bewußtseins im Subjekt gegenüber dem materiell bedingenden Sein sowie die Tätigkeit des handelnden Individuums als Subjekt gegenüber der kollektiv bedingenden Gesellschaft. Zu Beginn der geschichtlich notwendigen Kontroverse gegen eine idealistische Bewußtseinsphilosophie und einen radikalen Individualismus ist dieser

Faktor zu kurz gekommen. Heute wird er wieder stärker akzentuiert.

Schon Engels rückte von einer anfänglichen Überbetonung des Seins-Faktors ab, er und Marx haben das «Hauptgewicht» auf die «ökonomischen Grundtatsachen *legen müssen*», weil sie immer in Fehde lagen gegen den «Schein einer selbständigen Geschichte der ... ideologischen Vorstellungen»[27].

Walter Benjamin trat dann für eine gewisse Eigengesetzlichkeit der Entwicklung literarischer Formen und damit der vom subjektiven Bewußtsein produzierten Formen ein, und der polnische Marxist Adam Schaff schrieb in seinem Traktat *Marxismus und das menschliche Individuum* zur Frage der «Rolle des subjektiven Faktors»: «Wir wissen heute, daß eine relative Autonomie der Entwicklung des Überbaus besteht und daß im Rahmen dieser Autonomie die Entwicklung der Ideen weitgehend von den Ideen selbst bedingt wird[28].» Das klingt fast idealistisch zugespitzt und möchte auf eine Selbstherrlichkeit der Ideen hinauslaufen, wenn Schaff nicht nur die Ideen produzierenden Subjekte stärker in Verbindung untereinander als in der zur ökonomischen Struktur wahrnehmen wollte. Bei der Diskussion im offiziell marxistischen Denken wird ebenfalls der Subjektseite (Bewußtsein) eine «relative Selbständigkeit» zuerkannt, obwohl es hier gerne eingeschränkt wird durch die «Aneignung der materiellen Welt»[29]. – Aneignung statt Produktion.

Für das Verhalten gegenüber der Literatur bedeutet dieses Moment der möglichen Aktivität seitens des Subjekts, daß der soziologischerseits scheinbar zu erhärtende Banalsatz «alles erklären heißt alles verstehen, und alles verstehen heißt alles verzeihen» abgelegt wird und die zur Erklärung aufgedeckten gesellschaftlichen Bedingungen eines Werkes noch nicht dessen Rechtfertigung in sich tragen. (Das führt wieder zu der schon behandelten Wertfrage.) Weiter bedeutet der zugestandene subjektive Faktor, daß nicht *Alles* rückführbar auf Basis-Determinanten, daß im Werk oder durch das Werk hindurch im Leben des Autors Elemente erkannt werden können, die *neu* sind, die man als Spontanproduktion ansetzen muß. Die theoretisch zugebilligte «relative Selbständigkeit» verhindert ein krampfhaftes Verlängern aller Einzelheiten in den sozialen Untergrund.

Wissenschaftsbegriff: Subjekt/Objekt, Aktualität und Praxisbezogenheit. – Die rationalen Erkenntnisse, die diese Methode zeitigt, werden nicht einseitig am Ideal der Objektivität gemessen; dieses gehört einer idealistischen Erkenntnistheorie an und wird abgelöst durch eine dialektische Wissenschaftlichkeit, die zwischen Objekt und Subjekt verbindet. Marx schreibt polemisch über die angeblich nur objektbezogene Untersuchung der Wahrheit, also über eine Literaturwissenschaft, die werkhörig verfährt: «Ihr verletzt also das Recht des Objekts, wie ihr das Recht des Subjekts verletzt. Ihr faßt die Wahrheit abstrakt und macht den Geist zum Untersuchungsrichter, der sie trocken protokolliert[30].» Der Untersuchende soll das Recht des Subjekts geltend machen, womit er gleichzeitig die Gegenwärtigkeit des Objekts fordert, ihm also nutzt. Er soll sowohl secundum recipientem (geschichtlich-gesellschaftlicher Ort des Untersuchenden) als auch secundum recipiendum (geschichtlich-gesellschaftlicher Ort des Werkes) vorgehen. Erst dieses Aneinanderbinden, das wiederum nur dem Vorgefundenen Rechnung trägt, überwindet die tote Objektivität. Damit werden *Aktualität* und *Praxisbezogenheit* ermöglicht. Die Wissenschaft ist einbaubar in übergreifende Lebensbeziehungen. «Es ist eine Beschränktheit, einer Wissenschaft im Fluß des Lebens einen Zweck in sich selbst zu geben[31].» So sagte schon Gervinus, Historiker und Literaturhistoriker im neunzehnten Jahrhundert. «Praxis» als direktes Ingrediens dieser Wissenschaft allerdings ist euphemistisch gedacht, man sollte sich auch im soziologischen Ansatz nicht mit einer besonders effektiven Praxis brüsten. Schon bei der existentiellen Methode sollten Lebensprobleme durch die Literaturwissenschaft geklärt (Unger), die Literatur als Quelle besseren Lebensverständnisses benutzt werden, aber die Zweckrichtung war eine andere: das vereinzelte und das ahistorische Individuum. Engels schreibt 1875 über die von ihm gepriesenen Heroen des 15. und 16. Jahrhunderts: «Was ihnen aber besonders eigen, das ist, daß sie fast alle mitten in der Zeitbewegung, im praktischen Kampf leben und weben, Partei ergreifen und mitkämpfen, der mit Wort und Schrift, der mit dem Degen, manche mit beidem. Daher jene Fülle und Kraft des Charakters, die sie zu ganzen Männern macht. Stubengelehrte sind die Ausnahme: entweder Leute zweiten und dritten Rangs oder vorsichtige Philister, die sich die Finger nicht verbrennen wollen[32].» Eine solche Einheit von Praxis und Theorie gäbe erst der «Praxis» ihr Recht, sie aber ist der weitgehend abstrakten Wissenschaftstheorie heute fremd, weil historisch überholt.

Sinnfrage. – Immerhin ist diese Methode der Wissenschaft tendenziell auf Handeln ausgerichtet, und damit wird ihr ein Nutzen und Zweck außerhalb ihrer zugeordnet. Die Beantwortung der Sinnfrage, warum diese Wissenschaft überhaupt, wird dadurch um einiges leichter, jedenfalls in dem Teilbereich, in dem Sinn und Zweck zusammenfallen. Mit anderen Methoden diente man akzentuiert der Literatur. Jetzt ist das «Wofür» und «Wozu» in die Gesellschaft verlegt. Nutzen und Zweck aber sind nur sinnvoll, wenn ihnen ein aus dem Sein resultierendes Denken vorhergeht, das Werte aufstellt, denen genutzt werden soll. Solche weiterreichenden Überlegungen, die zu Anfang dieses Kapitels skizziert wurden, sind nicht mehr Inhalte direkter Methodendarstellung, wohl aber deren Legitimation.

STATISTISCHE METHODEN

Von Joachim Thiele

Vorbemerkung. – Statistische Methoden stehen in der Literaturwissenschaft nicht gleichrangig neben anderen Interpretationsverfahren, sondern sind Hilfsmittel zur Beschreibung *formaler* Eigentümlichkeiten der Texte.

Die Anwendung statistischer Verfahren im geisteswissenschaftlichen Bereich begegnet besonders bei den Literaturwissenschaftlern noch heute erheblicher Skepsis. Soziologen, Psychologen und Linguisten bedienen sich der Statistik seit längerer Zeit gern und erfolgreich[1], wie u. a. auch die Benutzernachweise von Universitäts-Rechenzentren zeigen.

Das Hauptproblem statistischer Literatur-Analysen ist ihre Reichweite. Bestehen Relationen zwischen statistisch erlangten Resultaten zu Inhalt und Bedeutung eines Textes und zu seinem ästhetischen Wert? Es ist zwar wahrscheinlich, daß sich Besonderheiten der Form auch im Semantischen auswirken, daß formale Charakteristiken semantischen Größen entsprechen[2]. Untersuchungen, die dies hinreichend an einer größeren Zahl von Werken belegen könnten, liegen bisher jedoch nicht vor. Noch schwieriger ist die Verknüpfung von Fragen der Wertung mit statistischen Daten. Als einzige Größe, die statistisch exakter als nach herkömmlichem subjektivem Urteil zu ermitteln und für ästhetische Fragen von Bedeutung ist, kann die formale Homogenität eines Werkes genannt werden.

Zur Geschichte statistischer Verfahren in der Sprachwissenschaft. – Jonathan Swift beschreibt 1725 in Gullivers Reisen eine Maschine, die den gesamten Wortschatz der Laputanersprache enthält und mit deren Hilfe genaue Berechnungen darüber anzustellen sind, «welches Verhältnis in den Büchern zwischen der Anzahl der Partikel, der Verben, Substantive und anderer Satzteile herrsche»[3]. Er ironisiert hier die Wissenschaft seiner Zeit als Beschäftigungstherapie, die Sprachwissenschaftler als Silbenzähler.

Zählmethoden zur Beschreibung sprachlicher Entwicklungen wurden ernsthaft Mitte des neunzehnten Jahrhunderts versucht, praktische Bedeutung haben statistische Sprachanalysen jedoch erst seit der Bereitstellung größerer Datenverarbeitungsanlagen mit hinreichenden Speicherkapazitäten erhalten.

Erst seit den 60er Jahren unseres Jahrhunderts sind Hypothesen über Vokabular und formale Eigentümlichkeiten eines Werkes oder einer Gattung von Texten mit statistischen Verfahren exakt zu prüfen, mit definierten Wahrscheinlichkeiten zu verifizieren oder zu widerlegen.

1852 erschien eine Untersuchung von E. Förstemann über die «Numerischen Lautverhältnisse im Griechischen, Lateinischen und Deutschen». Diese Zählungen wurden in den 90er Jahren von P. Valério[4] und F.W. Kaeding weitergeführt.

Als Vorläufer neuerer Arbeiten sind zu nennen die Zählungen von E. und K. Zwirner über Lautverhältnisse in verschiedenen Sprachen und G.K. Zipfs «Psychobiology of Language»[5].

Zipf hat als erster auf den Zusammenhang zwischen der Häufigkeit eines Wortes f im Vokabular eines Textes und seinem Rang r im Häufigkeitswörterbuch (in dem das häufigste Wort den Rang 1, das nächsthäufigste den Rang 2 usw. erhält) hingewiesen. Er zeigte, daß in einer Sprache $f \cdot r = $ const. gilt. Umfangreiches Material zur Satzlängenstatistik lieferten zuerst G.U. Yule und C.B. Williams[6].

Im Folgenden sind zwei Anwendungen statistischer Verfahren im Bereich der Sprache kurz beschrieben, das sogenannte Textcharakteristikenverfahren und die Vokabularstatistik. Auf die Verfahren der mathematischen Linguistik kann hier nicht eingegangen werden[7].

Textcharakteristiken. – Die Bestimmung von «Textcharakteristiken» literarischer Werke ist zuerst von dem Aachener Physiker Wilhelm Fucks vorgenommen worden[8]. Er beschreibt die textkonstituierenden Elemente: Buchstaben, Silben und Sätze, deren Eigentümlichkeiten und Verknüpfungen. Ziel einer textstatistischen Analyse sind Aussagen über die *Formalstruktur* des Textes. Als notwendiges Beschreibungsmittel kommen diese Verfahren natürlich nur für Texte in Betracht, die den Schwerpunkt ihrer Aussage im Formalen haben. In dem Maße, wie der Anteil von Werken dieser Art an der gesamten Literatur zunimmt, gewinnt die statistische Untersuchungsmethode an Bedeutung. Es ist nicht zu bestreiten, daß seit der Jahrhundertwende eine solche Zunahme zu verzeichnen ist; viele Beispiele wären zu nennen, Texte Christian Morgensterns[9], Arbeiten der Expressionisten und der Autoren des Sturm-Kreises, besonders August Stramms[10], der Dadaisten[11], und, im Bereich der englischen Literatur, von E.E. Cummings und Gertrude Stein. Paradigmata aus der Literatur der Gegenwart bieten Arbeiten

Helmut Heißenbüttels und der Movens-Autoren[12]. Immer häufiger finden wir Texte, denen mit einer Analyse im Rahmen der herkömmlichen Interpretationsmethoden der Literaturwissenschaft nicht voll gerecht zu werden ist.

Fucks untersucht insbesondere Stilcharakteristiken, die sich aus den Silben des Textes ergeben: die mittlere Silbenzahl pro Wort und eine daraus zu berechnende Größe, die «Textentropie» genannt wird[13]. (In Analogie zur Entropie in der Thermodynamik gibt die Textentropie den Ordnungsgrad der betrachteten Textelemente an.) Weitere Textcharakteristiken sind die mittlere Satzlänge (in Silben) und die mittlere Länge von Ketten aus Wörtern gleicher Silbenzahl in einem Text[14]. Statistische Verfahren bieten sich ferner an zur Analyse von Metren[15].

Einige Beispiele für mittlere Satzlängen (in Silben) seien genannt: Rilke, Cornet 12,5, Goethe, Italienische Reise 38,6, Marx, Kapital 65,4, einige Artikel der BILD-Zeitung im April 1968 20,5.

Extrem große Kettenlängen finden sich bei einigen neueren Autoren, die in verschiedenen Texten fast ausschließlich Einsilbler verwenden.

Versuche, die Textcharakteristiken zur Lösung von Zuschreibungsfragen zu verwenden, waren nicht in dem erhofften Umfang erfolgreich. Wohl konnten etwa bei der strittigen Frage, welcher von den fünf in Betracht kommenden Autoren Verfasser der *Nachtwachen von Bonaventura* (1805) sei, Ergebnisse erzielt werden – der Vergleich der Textcharakteristiken macht F.G. Wetzel als Autor wahrscheinlich –, aber dabei wird vorausgesetzt, daß zur gleichen Zeit verfaßte Arbeiten eines Autors, die der gleichen Literaturgattung zuzurechnen sind, im Durchschnitt der einzelnen Abschnitte gleiche Textkonstanten aufweisen. Die Gültigkeit dieser Hypothese kann nicht bewiesen werden, sie wird allerdings gestützt durch die Ergebnisse einer großen Anzahl vergleichender statistischer Analysen der Werke von Schriftstellern aus sehr verschiedenen Epochen.

Untersuchungen an Texten verschiedener Autoren und verschiedener Gattungen ergaben, daß eine Textlänge von etwa 300 bis 400 Wörtern ausreicht, um *zufällige* Schwankungen in den Ergebnissen der Bestimmung der Textkonstanten auszuschalten. Die Streuung der Werte der einzelnen Abschnitte eines Textes gibt ein Maß für dessen formale Einheitlichkeit.

Ein sicheres Ergebnis der Zählungen ist immer die Feststellung von Homogenität oder Inhomogenität bezüglich der Charakteristiken in Teilen eines Werkes, verbunden mit Angaben über Abweichungen der Mittelwerte der betreffenden Charakteristiken von denen anderer Werke des Autors und der Werke anderer Autoren mit vergleichbaren Arbeiten.

In einem Prosatext lassen Schwankungen der Werte für die mittlere Silbenzahl pro Wort um 0,01 bis 0,02 die Klassifizierung «sehr homogen» bezüglich dieser Größe zu. Öfter kommen in Abschnitten Abweichungen um 0,2 Silben pro Wort vom Mittelwert des ganzen Textes vor, unabhängig von der Einteilung. Fucks entwickelt auf der Basis statistischer Verfahren eine Theorie der Wortbildung in natürlichen Sprachen[16] und eine mathematische Theorie des Sprachstils.

Vokabularstatistik. – In den 50er Jahren erschienen Arbeiten von Pierre Guiraud und Gustav Herdan, die die *Vokabulare* literarischer Texte mit statistischen Verfahren möglichst übersichtlich zu erfassen und charakteristische Daten des Wortschatzes einzelner Autoren zum Vergleich mit anderen bereitzustellen versuchten.

Bei Herdan[17] werden vor allem folgende Charakteristiken bestimmt:

1. das Verhältnis von *Länge* des Textes N (Anzahl der Wörter) zur Anzahl der in ihm vorkommenden *verschiedenen* Wörter, dem Vokabular V,

2. die Häufigkeitsverteilung der einzelnen Vokabeln,

3. die «Wachstumsrate» des Vokabulars mit wachsender Textlänge,

4. der Anteil bestimmter Klassen von Wörtern am gesamten Text,

5. der Anteil seltener Wörter (Neuprägungen des Autors) am Vokabular und

6. die Aufgliederung des Vokabulars nach der Herkunft der Wörter aus anderen Sprachen.

Helmut Meier[18] hat auf die Bedeutung vokabularstatistischer Untersuchungen für verschiedene andere Forschungsbereiche, u.a. für die Sprachdidaktik hingewiesen. Inzwischen liegen statistische Daten über einige Schulautoren vor[19].

Max Bense hat einen seiner Texte exemplarisch statistisch beschrieben[20].

Weitere Anwendungsmöglichkeiten. – Statistische Verfahren scheinen geeignet, auch feinere Unterschiede in der Form von Texten einer *Gattung* aufzuzeigen, Struktureigentümlichkeiten nachzuweisen, die sich bisher der Analyse entzogen, Aufschlüsse über die *Stellung eines Werkes* im Kanon der Formen *der Epoche* zu geben und Linien *formaler Entwicklungen* zu exaktifizieren, sowie Kriterien zur Beurteilung der Güte von *Übersetzungen* aufzustellen.

ANMERKUNGEN

VORBEMERKUNG

[1] Werner Krauß, «Literaturgeschichte als geschichtlicher Auftrag», in: *Aufsätze zur Literaturgeschichte*, 1968, S. 37.

[2] Erich Rothacker, *Logik und Systematik der Geisteswissenschaften*, 1947, S. 32.

[3] Einen Versuch, ideologiekritisch manche Standpunkte der historisch vorgefundenen Methoden zu durchleuchten und so zu kritisieren, stellt das Buch *Methodenkritik der Germanistik. Materialistische Literaturtheorie und bürgerliche Praxis*, 1970, dar. Es vereinigt Aufsätze von M. L. Gansberg und P. G. Völker. Als Einführung ist es nicht anzuraten, eher zur späteren Diskussion, vor allem für den soziologischen Aspekt.

[4] Als neuestes Unternehmen liegt der 1. Bd. von *Methoden der Literaturwissenschaft. Literaturgeschichte und Interpretation*, 1971, vor, der einige wichtige historische Daten und Texte als Dokumentation zur Geschichte der LWS bietet. – Auch in dem Band *Methoden der Literaturwissenschaft. Eine Dokumentation*, 1971, sind Textbeispiele abgedruckt, vornehmlich solche, die heutzutage schwerer zugänglich und weniger bekannt sind. Hrsg. und eingel. v. Viktor Žmegač. Von früheren Arbeiten seien genannt: Die «Methodenlehre der Literaturwissenschaft» von Horst Oppel, in: *Deutsche Philologie im Aufriß*, 1952, 1. Bd., ist wohl nicht nur durch die Vorliebe des Autors für die morphologische Methode unklar. – Das aus Amerika importierte Standardwerk *Theorie der Literatur* von Wellek und Warren, 1959, ist zu vielseitig, als daß es einen klaren Überblick geben könnte, und das methodensammelnde Werk *Synthetisches Interpretieren* von Jost Hermand (USA), 1968, verwehrt durch seinen kritischen Ansatz und die Zielrichtung auf einen eigenen Methodenvorschlag die erst einmal erforderliche Simplizität und Inaugenscheinnahme des Gegebenen. Auch empfindet er selbst seine Methodenbesinnung als eine «Ästhetik für Fortgeschrittene», die «weit über das bloß Literaturwissenschaftliche hinausgeht» (S. 12).

[5] Nietzsche über Methoden künstlerischer Herstellung, Musarionsausg., Bd. XVII, S. 255.

[6] Ein Anhänger der motivgeschichtlichen Betrachtung war Hellmut Petriconi, dessen Buch *Metamorphosen der Träume. Fünf Beispiele zu einer Literaturgeschichte als Themengeschichte*, 1971, diese Möglichkeit repräsentiert: Träume als motivische Konstanten der Menschen.

[7] Hans von Müller, *Zehn Generationen deutscher Dichter und Denker*, 1928.

[8] Vgl. R. Ingarden, *Das Kunstwerk und sein Wert*, Vortrag 1964. Hier werden Wertungsgedanken weitergeführt, die in den Büchern *Das literarische Kunstwerk*, 1931, und *Über das Erkennen des literarischen Kunstwerks*, 1937, angelegt waren.

[9] Karl Otto Conrady, *Einführung in die Neuere deutsche Literaturwissenschaft*, 1966, S. 65f.

POSITIVISTISCHE METHODE

[1] Werner, XI, S. VIII.

[2] Mach, V, Vorwort zur 4. Aufl.

[3] Mach, ebd.

[4] Mach, V, S. 241.

[5] Mach, V, S. 13.

[6] Mach, V, S. 243.

[7] «Die Kritik Lenins an Mach» (in: Materialismus und Empiriokritizismus) bezieht sich auf andere Punkte.

[8] Mach, V, S. 243.

[9] In den ökonomisch-sozialen Unterbau reichende Vermittlungen sind hier nicht zu erörtern (vgl. Einleitung).

[10] Taine, VIII a, S. 279.

[11] Lunding, IV, § 3.

[12] Scherer, VI b, S. XII.

[13] Schmidt, VII, S. 3.

[14] Goethe, *Morphologische Hefte*, 1954, S. 233.

[15] Carus, II, S. 9.

[16] Carus, II, S. 167.

[17] Scherer, VI a, S. 66.

[18] Scherer, VI a, S. 67.

[19] Scherer, ebd.

[20] Englischer Kulturhistoriker, Positivist (1822–1862).

[21] Scherer, VI b, S. XII.

[22] Werner, XI, S. 25.

[23] Schmidt, VII, S. 3.

[24] «functionale Abhängigkeit der Elemente», Mach, V, S. 13; «functionale Beziehung».

[25] Es handelt sich um die *Litteraturgeschichte des 18. Jahrhunderts* von H. Hettner, Rezension Scherers von 1865.

[26] Lunding, IV, S. 203.

[27] Scherer, VI a, S. 186.

[28] Scherer, ebd.

[29] Scherer, ebd.

[30] Scherer, VI a, S. 187.

[31] Scherer, VI b, S. 24.

[32] Scherer, VI b, S. 25.

[33] Scherer, VI a, S. 68.

[34] Scherer, VI a, S. 211.

[35] Scherer, VI b, S. 19.

[36] Taine, VIII a, S. XIX.

[37] Taine, VIII a, S. XVIII.

[38] Taine, VIII a, S. 281.

[39] Vgl. die Darstellung der Induktions-Methoden bei Bocheński, *Die zeitgenössischen Denkmethoden*, 1954, S. 117–124. Zu dem Deduktionsproblem vor allem S. 121 f.

[40] Scherer, VI b, S. 24.

[41] Werner, XI, S. VIII.

[42] Vgl. Briefwechsel Dilthey/Scherer.

[43] Begrüßungsrede von Mommsen, mitgeteilt in Bellermann, I, S. 6.

[44] Taine, VIII b, S. 449 (über Stuart Mill).

[45] Voßler, X, S. 29 f.

[46] Wittgenstein, XII, § 66.

[47] Hartnack, III, S. 70.

GEISTESGESCHICHTLICHE METHODE

[1] Rickert, VI, S. XIII.

[2] Rickert, VI, S. XI.

[3] Kluckhohn, III, S. 538.

[4] Kluckhohn, ebd.

[5] Dilthey, Brief vom 20. 5. 1867.

[6] Unger, IX a, S. 89.

[7] Dilthey, II a, S. 38.

[8] Dilthey, II b, S. 322.

[9] Lunding, IV, S. 199.

[10] Dilthey, II a, S. 88.

[11] Dilthey, II, a, S. 89.

[12] Dilthey, II a, S. 113.

[13] Erich Rothacker, Wilhelm Dilthey, Ernst Cassirer, Kuno Fischer.

[14] Rudolf Borchardt, *Kindheit und Jugend*, 1966, S. 6.

[15] Dilthey, II a, S. 109.

[16] Vgl. Arthur Stein, *Der Begriff des Geistes bei Dilthey*, 1913.

[17] Dilthey, II a, S. 109.

[18] Dilthey, II c, S. 136.

[19] Walzel, XI b, S. 18.

[20] Dilthey, II a, S. 137.

[21] Voßler, X, S. 63.

[22] Burdach, I, S. 244.

[23] Burdach, I, S. 246.

[24] Voßler, X, S. 82.

[25] Voßler, X, S. 26.

[26] Dilthey, II d, S. 206.

[27] Vgl. Sauers Rektoratsrede von 1907 *(Literaturgeschichte und Volkskunde)*.

[28] Nadler, V, S. VIII.

[29] Nadler, V, S. VII.

[30] Walzel, XI a, S. 87.

[31] Wilhelm Worringer, *Abstraktion und Einfühlung*, 1908.

[32] Oskar Walzel, *Gehalt und Gestalt im Kunstwerk des Dichters*, 1923.

[33] Wellek/Warren, XII, S. 125.

[34] Dilthey, II c, S. 140.

[35] Dilthey, II c, S. 139.

[36] Brief an Scherer vom 12. 5. 1867.

[37] Dilthey, II c, S. 140.

[38] Burdach, I, S. 4.

[39] Wiese, XIII, S. 135.

[40] Wiese, XIII, S. 144.

[41] Enthalten in *Das Erlebnis und die Dichtung*.

[42] Dilthey, II e, S. 156.

[43] Beispiele: H. Korff, *Geist der Goethezeit*. Versuch einer ideellen Entwicklung der klassisch-romantischen Literaturgeschichte, 1923–53. – F. Strich, *Die Mythologie in der deutschen Literatur von Klopstock bis Wagner*, 1910. – R. Unger, *Herder, Novalis, Kleist: Studien über die Entwicklung des Todesproblems in Denken und Dichten vom Sturm und Drang zur Romantik*. Eine Problem- und Literaturschau, 1924. – P. Kluckhohn, *Die Auffassung der Liebe in der Literatur des 18. Jahrhunderts und in der deutschen Romantik*, 1922.

[44] Kluckhohn, III, S. 539.

PHÄNOMENOLOGISCHE METHODE

[1] Heidegger, II a, S. 27.

[2] Heidegger, II a, S. 34f.

[3] Goethe, *Maximen und Reflexionen*, hrsg. v. Max Hecker, Nr. 575.

[4] Heidegger, II a, S. 34.

[5] Heidegger, II a, S. 27.

[6] Pfeiffer, VII b, S. 17.

[7] Kommerell, VI, Vorwort.

[8] Heidegger, II b, S. 30.

[9] Heidegger, II b, S. 7.

[10] Husserl, III a, S. 61.

[11] Huchel, IV, S. 96.

[12] Husserl, III b, S. 9.

[13] Ingarden ist einer der Phänomenologen, der die Denkweise speziell auf die Literatur anzuwenden sucht. Für die hier unternommene Skizzierung wäre es sinnlos, seine differenzierte Terminologie und Problematik referieren zu wollen. Vgl. Bibliographie V a, V b.

[14] Ingarden, V a, S. x.

[15] Husserl, III b, S. 8.

[16] Husserl, III a, S. 62.

[17] Bocheński, I, S. 29.

[18] Bocheński, ebd.

[19] Husserl, III a, S. 46.

[20] Daß in *Sein und Zeit* zwischen einer «primären» und einer nur «abgeleiteten» Hermeneutik in den Geisteswissenschaften unterschieden wird, ist hier für die Prinzipien belanglos (vgl. II a, S. 37f.).

[21] Heidegger, II a, S. 150.

[22] Kommerell, VI, S. 9.

[23] Heidegger, II a, S. 36.

[24] Staiger, IX, S. 9.

[25] Staiger, IX, S. 18.

[26] Staiger, IX, S. 17.

[27] Staiger, IX, S. 18.

[28] Staiger, IX, S. 21–23.

[29] Staiger, IX, S. 22.

[30] Ingarden, V a, S. 353.

[31] Pfeiffer, VII b, S. 95.

[32] Pfeiffer, VII a, S. 53.

[33] Husserl, III a, S. 58.

[34] Husserl, III a, S. 62.

[35] Heidegger, II a, S. 37.

[36] Rüdiger, VIII, S. 149.

[37] Etwa diese Ansicht vertritt Rüdiger, VIII, S. 147f.

EXISTENTIELLE METHODE

[1] Zit. bei Bocheński, I, S. 27.

[2] Schopenhauer, XII, Bd. 2, S. 684.

[3] Lunding, VIII a, S. 203.

[4] Lunding, VIII a, S. 139.

[5] Kierkegaard, V a, S. 5.
[6] Kierkegaard, V a, S. 40.
[7] Kierkegaard, ebd.
[8] Reidemeister, XI, S. 25.
[9] Staiger, XIV, S. 12.
[10] Staiger, XIV, S. 13.
[11] Staiger, XIV, S. 15.
[12] Staiger, XIV, S. 15.
[13] Staiger, ebd.
[14] Von Staiger zit., ebd.
[15] Schopenhauer, XII, Bd. 5, S. 15 («Über Philosophie und ihre Methode», § 9).
[16] Heidegger, III, S. 134.
[17] Heidegger, III, S. 142.
[18] Heidegger, III, S. 134.
[19] Heidegger, III, S. 136.
[20] Heidegger, III, S. 138.
[21] Heidegger, III, S. 150.
[22] Heidegger, ebd.
[23] Jaspers, IV, S. 6.
[24] Jaspers, IV, S. 19.
[25] Jaspers, ebd.
[26] Jaspers, IV, S. 10.
[27] Dehn, II, S. 31.
[28] Heidegger, III, S. 42.
[29] Heidegger, III, S. 117.
[30] Dehn, II, S. 34.
[31] Kierkegaard, V b, 3. Kap., § 1.
[32] Heidegger, III, S. 117.
[33] Lunding, VIII b, S. 203.
[34] Lunding, ebd.
[35] Lunding, ebd.
[36] Lunding, ebd.
[37] Titel der Arbeit: *Form und Innerlichkeit*, vgl. VI.
[38] Lunding, VIII a, S. 13f.
[39] Lunding, VIII b, S. 203.
[40] Lunding, VIII a, S. 15.
[41] Kierkegaard, V a, S. 22f.
[42] Kierkegaard, V a, S. 54.
[43] Kierkegaard, *Papirer*, Bd. II, A 14.
[44] Dehn, II, S. 40.
[45] Spoerri, XIII, S. 20.
[46] Jaspers, IV, S. 10.
[47] Lunding, VIII a, S. 144.

[48] Unger, XV, Bd. 1, S. 17.
[49] Oppel, Das Bild in der Dichtung, in: *Dt. Lit.zeitung*, 1940, H. 13, 14, Schlußsatz.
[50] Pongs, X, S. 2.
[51] Pongs, X, S. 3.

MORPHOLOGISCHE METHODE

[1] Goethe, II a, S. 7.
[2] Goethe, ebd.
[3] *Maximen und Reflexionen*, hrsg. v. Max Hecker, Nr. 1105.
[4] 2. Röm. Aufenthalt, 11. 8. 1787.
[5] Goethe, II h, S. 88.
[6] Italien. Reise, 28. 1. 1787.
[7] Italien. Reise, 5. 9. 1787.
[8] Goethe, II c, S. 92.
[9] Goethe, II f, S. 127.
[10] Müller, V b, Brief vom 8. 9. 1948.
[11] G. Müller, *Gestaltung–Umgestaltung in Wilhelm Meisters Lehrjahren*, 1948.
[12] vgl. «Literaturnachweise».
[13] Müller, V a, S. 25
[14] Goethe, Zwischenverse der Morpholog. Hefte, I, 2.
[15] Müller, V a, S. 33.
[16] Ludwig Wittgenstein, Tractatus logico-philosophicus, 7.
[17] Müller, V a, S. 7.
[18] Troll, VIII, S. 55.
[19] Pyritz, V b, Brief vom 8. 9. 1948.
[20] Goethe, II e, S. 307.
[21] Goethe, II a, S. 7.
[22] Goethes Motto zu den *Morphologischen Heften:* «Bildung und Umbildung organischer Naturen».
[23] Carus, I, S. 150.
[24] Goethe, II i, S. 220.
[25] Goethe, II g, S. 344.
[26] Müller, V a, S. 45.
[27] Goethe, II g, S. 344.
[28] Goethe, II g, S. 345.
[29] Goethe, II d, S. 195.
[30] Troll, VIII, S. 64.
[31] Goethe, Motto zum Morpholog. Heft, III, 1.
[32] Goethe, II b, S. 13.
[33] Goethe an Herder, Brief vom 17. 5. 1787.

[34] Vgl. P. Berker, *Die Rangfrage als Problem der morphologischen Literaturwissenschaft*, Diss. Bonn 1953.

[35] Katz, IV, S. 51.

[36] Goethe, II a, S. 8.

[37] ebd.

[38] Sengle, VII, S. 300.

[39] Goethe, II g, S. 345.

[40] Oppel, VI, S. 91.

[41] Brief an Ewald Wasmuth vom 18. 10. 36.

[42] Müller, V a, S. 6.

SOZIOLOGISCHE METHODE

[1] Marx, 10. These über Feuerbach.

[2] Jürgen Jacobs, Rezension von VII, in: *Neue Rundschau*, 1971, S. 768.

[3] Mannheim, XII, S. 393.

[4] Wellek/Warren, XVI.

[5] Dazu gehören etwa Arbeiten wie: P Kluckhohn, *Dichterberuf und bürgerliche Existenz*, 1949; L. Schücking, *Soziologie der literarischen Geschmacksbildung*, 1931, 3. bearbeitete Aufl. 1961., S. 24ff.; Hans J. Haferkorn, *Der freie Schriftsteller*, Eine literatursoziologische Studie über seine Entstehung und Lage in Deutschland zwischen 1750 und 1800, 1963.

[6] Fügen, II, 1. Kap.

[7] Fügen, II, S. 41.

[8] Adorno, I a, S. 76f. – Eine genaue phänomenologische Formulierung gebraucht A., wenn er wenige Sätze weiter von dem «rein der Sache sich überlassen» bei soziologischen Literaturuntersuchungen spricht.

[9] Fügen, II, S. 3.

[10] Hrsg. v. H. Kallweit, W. Lepenies, G. Mattenklott, K.R. Scherpe, im Athenäum Verlag. – Im übrigen vgl. die Auswahlangaben in den Literaturnachweisen. Ein ausführliches Literaturverzeichnis für die Arbeitsweise «Literatur und Gesellschaft» und für die «Soziologische Methode» findet sich bei VIII b.

[11] Lukács, VIII a, S. 8.

[12] Vgl. vor allem die Arbeiten von Jürgen Habermas und Hans Georg Gadamer.

[13] Dilthey, «Der Aufbau der geschichtlichen Welt in den Geisteswissenschaften», *Ges. Schriften*, Bd. 7, S. 81. – Nicht nur mit diesem Terminus, sondern mit dem ganzen gedanklichen Kontext der Abhandlung taucht erneut die Möglichkeit auf, Diltheys Gedanken als Stufe einer anderen Entwicklungslinie einzugliedern, die nicht die der abstrahiert reinen Geisteswissenschaften ist.

[14] Lukács, «Tendenz oder Parteilichkeit», in: VIII a, S. 117. Näher ausgeführt in L.'s «Einleitung in die ästhet. Schriften von Marx u. Engels», in: VIII a, S. 236. (Die dazu gehörenden Äußerungen von Engels vgl. im Brief an Miss Harkness, April 1888.)
[15] Lukács, «Erzählen oder Beschreiben?», in: VIII c, S. 111.
[16] Ebd., S. 112.
[17] Fügen, II, S. 41.
[18] Fügen, II, S. 42.
[19] Wellek/Warren, XVI, S. 104.
[20] *Philosophisches Wörterbuch*, XIV, Bd. I, S. 457.
[21] Engels, Brief an Starkenberg v. 25. 1. 1894.
[22] Lukács, «Einführung in die ästhetischen Schriften von Marx und Engels», in: VIII b, S. 214f.
[23] Marx, «Die deutsche Ideologie», in: IX, Bd. I, S. 82.
[24] Marx, «Zur Kritik der politischen Ökonomie», in: IX, Bd. I, S. 74.
[25] Marx, «Theorien über den Mehrwert», in: IX, Bd. I, S. 517.
[26] Adorno, I b, S. 18.
[27] Engels an Franz Mehring, 14. 7. 1893, in: IX, Bd. I, S. 96.
[28] Schaff, XV, S. 139f.
[29] *Philosophisches Wörterbuch*, XIV, Bd. I, S. 458.
[30] Marx, «Bemerkungen über die neueste preußische Zensurinstruktion», in: IX, Bd. I, S. 225.
[31] Zitiert bei Krauß, VI, S. 37.
[32] «Dialektik der Natur», in: IX, Bd. I, S. 351.

STATISTISCHE METHODEN

[1] Vgl. etwa H. Eggers (u. a.), *Elektronische Syntaxanalyse der deutschen Gegenwartssprache*, 1969.
[2] Vgl. K. Sasse und J. Thiele, «Zur Entsprechung von Textcharakteristikenwerten und verbalen Formbeschreibungen am Beispiel von Chateaubriands ‹Atala›», in: *Grundlagenstudien aus Kybernetik und Geisteswissenschaft* (GrKG) Bd. 11, 1970, S. 107f.
[3] J. Swift, *Reisen in verschiedene ferne Länder der Welt von Lemuel Gulliver – erst Schiffsarzt, dann Kapitän mehrerer Schiffe*. Übers. von K. H. Hansen, 1958, S. 278.
[4] P. Valério, *De la cryptographie*, Paris 1893.
[5] G. K. Zipf, *Psychobiology of Language*, Boston 1935.
[6] C. B. Williams, «A Note on the Statistical Analysis of Sentence-length as a Criterion of Literary Style», in: *Biometrica*, Vol. 31, London 1939, S. 356–361.
[7] Vgl. dazu etwa M. Groß, *Mathematische Linguistik*, ... 1971.

[8] W. Fucks, «Mathematische Analyse des literarischen Stils», in: *Studium Generale*, Jg. 6, 1953, S. 506–523.

[9] «Das Große Lalula», «Gesang des Raben Ralf ...», «Fisches Nacht-gesang» (C. Morgenstern, *Alle Galgenlieder*, 1947).

[10] A. Stramm, *Du*, 1915.

[11] H. Ball, Kurt Schwitters, Hans Arp.

[12] H. Heißenbüttel, *Textbuch* 1–4, 1960–63; *movens, Dokumente und Analysen* ..., hrsg. von F. Mon, 1960 (Texte von Franz Mon, Eugen Gomringer, Claus Bremer).

[13] W. Fucks, *Mathematische Analyse von Sprachelementen, Sprachstil und Sprachen*, 1955, S. 22f.

[14] Vgl. J. Thiele, *Verfahren der statistischen Aesthetik*, 1966, S. 31 ff.

[15] Vgl. W. Fucks, *Mathematische Analyse* ..., 1955, S. 32 ff.

[16] W. Fucks, *Theorie der Wortbildung. Mathematisch-Physikalische Semesterberichte* ..., Bd. 4, 1955, S. 195–212.

[17] G. Herdan, *Type-Token Mathematics* ..., 's-Gravenhage 1960.

[18] H. Meier, *Deutsche Sprachstatistik*, [2]1967.

[19] Vgl. etwa Habenstein-Hermes, *Lateinische Wortkunde*, o. J.

[20] In: *Doppelinterpretationen*. Hrsg. von H. Domin, 1969, S. 246 ff.

LITERATURNACHWEISE

POSITIVISTISCHE METHODE

I   Ludwig Bellermann, *Zur Erinnerung an Erich Schmidt*, 1913.

II Carl Gustav Carus, *Goethe*. Zu dessen näherem Verständnis, 1842.

III Justus Hartnack, *Wittgenstein und die moderne Philosophie*, dän. Ausg. 1960, dt. Ausg. 1962.

IV Erik Lunding, Artikel «Literaturwissenschaft», § 3 Positivismus, in: *Reallexikon der dt. Lit.gesch.*, ²1958.

V   Ernst Mach, *Die Analyse der Empfindungen* (1886), ⁴1902.

VI Wilhelm Scherer,

a   *Kleine Schriften zur neueren Literatur, Kunst und Zeitgeschichte*, hrsg. von Erich Schmidt, 1893. Darin u. a. Rezension von «Hettners Litteraturgeschichte des 18. Jahrhunderts» (1865) und «Bürgerthum und Realismus» (1870).

b   *Zur Geschichte der deutschen Sprache*, 1878, mit einer Widmung «An Karl Müllenhoff» vom 9. 3. 1868.

VII Erich Schmidt, *Lessing*, Geschichte seines Lebens und seiner Schriften, 1899.

VIII Hippolyte Taine,

a   *Studien zur Kritik und Geschichte*, frz. Ausg. 1858-94, dt. Ausg. 1898.

b   *Die Neuzeit der englischen Literatur*, frz. Ausg. 1863, dt. Ausg. 1880.

IX Joachim Thiele, *Die positivistische Methode*, Ernst Mach und Wilhelm Scherer, 1965.

X   Karl Voßler, *Positivismus und Idealismus in der Sprachwissenschaft*, 1904.

XI Richard Maria Werner, *Lyrik und Lyriker*, 1890.

XII Ludwig Wittgenstein, «Philosophische Untersuchungen» (1935 bis 1949), in: *Schriften*, 1960.

GEISTESGESCHICHTLICHE METHODE

I   Konrad Burdach, *Vorspiel*, Gesammelte Schriften zur Geschichte des deutschen Geistes, 1925, 3 Bde.

II Wilhelm Dilthey,

a   *Einleitung in die Geisteswissenschaften*, 1883 *(Gesammelte Schriften*, Bd. 1, 1922).

b   *Philosophische Aufsätze*, Eduard Zoller zum 70. Geburtstag gewidmet, 1887.

c   *Ideen über eine beschreibende und zergliedernde Psychologie*, 1894.
    In: Hermann Nohl (Hrsg.), *W. D.*, *Die Philosophie des Lebens*,
    1961.

d   *Der Aufbau der geschichtlichen Welt in den Geisteswissenschaften*,
    1905 ff. *(Gesammelte Schriften*, Bd. 7).

e   *Das Erlebnis und die Dichtung*, 1906.

f   *Weltanschauung, Philosophie und Religion*, 1911.

g   *Die Typen der Weltanschauung und ihre Ausbildung in den metaphy-
    sischen Systemen (Gesammelte Schriften* (Gesammelte Schriften*, Bd. 8).

III Paul Kluckhohn, Artikel «Geistesgeschichte», in: *Reallexikon der
     dt. Lit.gesch.*, ²1958.

IV   Erik Lunding, Artikel «Literaturwissenschaft», in: *Reallexikon der
     dt. Lit.gesch.*, ²1958.

V   Josef Nadler, *Literaturgeschichte der deutschen Stämme und Land-
     schaften*, 1912–18, 3 Bde.

VI   Heinrich Rickert, *Kulturwissenschaft und Naturwissenschaft* (1899),
     ⁶1926.

VII Eduard Spranger, «Was heißt Geistesgeschichte?», in: *Die Erzie-
     hung* 12, 1937.

VIII Peter Szondi, «Zur Erkenntnisproblematik in der Literaturwissen-
     schaft», in: *Die Neue Rundschau* 73, 1962.

IX   Rudolf Unger,

a   *Aufsätze zur Prinzipienlehre der Literaturgeschichte*, 1929, 2 Bde.

b   «Literaturgeschichte als Problemgeschichte», in: *Gesammelte Stu-
     dien*, Bd. 1, 1929.

X   Karl Voßler, *Positivismus und Idealismus in der Sprachwissenschaft*,
     1904.

XI   Oskar Walzel,

a   *Wechselseitige Erhellung der Künste*, 1917.

b   *Gehalt und Gestalt im Kunstwerk des Dichters*, 1923.

XII René Wellek und Austin Warren, *Theorie der Literatur*, dt. Ausg.
     1959.

XIII Benno von Wiese, «Zur Kritik des geistesgeschichtlichen Epoche-
     begriffes», in: *DVLG* 11, 1933.

PHÄNOMENOLOGISCHE METHODE

I   I. M. Bocheński, *Die zeitgenössischen Denkmethoden*, Kap. 2, «Die
     phänomenologische Methode», Dalp-Taschenbuch, 304, 1954,
     UTB ⁵1971.

II   Martin Heidegger,

a   *Sein und Zeit*, ⁹1960.

b   «Der Ursprung des Kunstwerkes», in: *Holzwege*, 1957.
III Edmund Husserl,
a   «Die Idee der Phänomenologie», *Husserliana* Bd. 2, 1958.
b   «Cartesianische Meditationen und Pariser Vorträge», *Husserliana* Bd. 1,1963.
IV Peter Huchel, in: Hilde Domin, *Doppelinterpretationen*, 1969.
V   Roman Ingarden,
a   *Das literarische Kunstwerk (1931)*, 2. erweiterte Aufl. 1960.
b   *Über das Erkennen des literarischen Kunstwerks*, 1937.
VI Max Kommerell, *Geist und Buchstabe der Dichtung*, 1939.
VII Johannes Pfeiffer,
a   *Wege zur Dichtung*, 1952.
b   *Über das Dichterische und die Dichter*, 1955.
VIII Horst Rüdiger, «Zwischen Interpretation und Geistesgeschichte», in: Karl Otto Conrady, *Einführung in die Neuere deutsche Literaturwissenschaft*, 1966.
IX Emil Staiger, *Die Kunst der Interpretation*, 1955.

EXISTENTIELLE METHODE

I   I. M. Bocheński, *Die zeitgenössischen Denkmethoden*, [4]1969.
II Fritz Dehn, «Existentielle Literaturwissenschaft als Entscheidung», in: *Dichtung und Volkstum*, 38,1937.
III Martin Heidegger, *Sein und Zeit* (1927), [9]1960.
IV Karl Jaspers, *Existenzphilosophie*, 3 Vorlesungen, 1938.
V   Sören Kierkegaard,
a   *Abschließende unwissenschaftliche Nachschrift*, dän. Ausg. 1846, dt. Ausg. 1910.
b   *Der Begriff Angst*, dän. Ausg. 1844, dt. Ausg. 1952.
VI Werner Kohlschmidt, *Form und Innerlichkeit*, 1955.
VII Georg Lukács, *Wider den mißverstandenen Realismus*, 1958.
VIII Erik Lunding,
a   *Adalbert Stifter*, 1946, im Anhang: «Kierkegaard und die existentielle Literaturwissenschaft».
b   Artikel «Literaturwissenschaft», in: *Reallexikon der dt. Lit.gesch.*, [2]1958.
IX Horst Oppel, «Kierkegaard und die existentielle Literaturwissenschaft», in: *Dichtung und Volkstum*, 38,1937.
X   Hermann Pongs, «Neue Aufgaben der Literaturwissenschaft», in: *Dichtung und Volkstum*, 38,1937.
XI Kurt Reidemeister, *Die Unsachlichkeit der Existenzphilosophie*, Vier kritische Aufsätze, 1954.

XII Arthur Schopenhauer, *Die Welt als Wille und Vorstellung*, in: *Sämtl. Werke*, ed. Grisebach, 1891.

XIII Theophil Spoerri,

a *Praeludium zur Poesie*, 1929.

b *Die Struktur der Existenz*, 1951.

XIV Emil Staiger, *Die Kunst der Interpretation*, 1955.

XV Rudolf Unger, *Gesammelte Studien*, Bd. 1,1929.

MORPHOLOGISCHE METHODE

I Carl Gustav Carus, *Goethe, zu dessen näherem Verständnis*, [4]1955.

II Joh. W. v. Goethe,

a «Die Absicht eingeleitet». in: *Die Schriften zur Naturwissenschaft*, Akademieausg. Weimar, Bd. 9: *Morphologische Hefte*, Bd. 10: *Aufsätze, Fragmente, Studien zur Morphologie*, bearbeitet v. D. Kuhn.

b «Der Inhalt bevorwortet». ebd. Bd. 9.

c «Einwirkung der neueren Philosophie». ebd. Bd. 9.

d «Vorträge über die drei ersten Kapitel des Entwurfs einer allgemeinen Einleitung in die vergl. Anatomie». ebd. Bd. 9.

e «Bedeutende Fördernis durch ein einziges geistreiches Wort». ebd. Bd. 9.

f «In wiefern die Idee: Schönheit sei Vollkommenheit mit Freiheit, auf organische Naturen angewendet werden könne». ebd. Bd. 10.

g «Weitere Studien zur Spiraltendenz». ebd. Bd. 10.

h *Über die bildende Nachahmung des Schönen*. Weimarer Ausg., I, Bd. 47.

i *Über epische und dramatische Dichtung*. W. A., II, Bd. 41.

III Hermann Friedmann, *Die Welt der Formen*, 1925.

IV David Katz, *Gestaltpsychologie*, [3]1961.

V Günther Müller,

a *Die Gestaltfrage in der Literaturwissenschaft und Goethes Morphologie*, 1944.

b Briefwechsel zwischen Günther Müller und Hans Pyritz, in: *Euphorion*, 54, 1960.

VI Horst Oppel, *Morphologische Literaturwissenschaft*, Goethes Ansicht und Methode, 1947.

VII Friedrich Sengle, «Der Umfang als Problem», in: *Gestaltprobleme der Dichtung*. Festschrift zu Günther Müllers 65. Geburtstag, 1957.

VIII Wilhelm Troll, *Gestalt und Urbild*. Gesammelte Aufsätze zu Grundfragen der organischen Morphologie, 1942.

IX Max Wertheimer, *Drei Abhandlungen zur Gestalttheorie*, 1925.

SOZIOLOGISCHE METHODE

I Theodor W. Adorno.
a «Rede über Lyrik und Gesellschaft», in: *Noten zur Literatur* I, 1958.
b Einleitung zu: *Der Positivismusstreit in der deutschen Soziologie*, 1969.
II Hans Norbert Fügen, *Die Hauptrichtungen der Literatursoziologie und ihre Methoden*, 1964.
III Helga Gallas, *Marxistische Literaturtheorie*, 1971.
IV Lucien Goldmann, *Soziologie des modernen Romans*, 1970.
V Arnold Hauser, *Sozialgeschichte der Kunst und Literatur*, 1953, 2 Bde.
VI Werner Krauß, *Aufsätze zur Literaturgeschichte*, 1968 (DDR).
VII *Literaturwissenschaft und Sozialwissenschaften*, Grundlagen und Modellanalysen. Autoren: Glaser, Hahn, Hansen, Hartwig, Metscher, Pallowski, Pehlke, Warneken, 1971.
VIII Georg Lukács,
a *Die Gegenwartsbedeutung des kritischen Realismus.* Neue Aufl. mit dem Titel *Wider den mißverstandenen Realismus*, 1958.
b *Schriften zur Literatursoziologie*, ausgewählt und eingeleitet von Peter Ludz, 1961.
c *Essays über Realismus.* Werkausgabe Bd. 4, 1971.
IX Marx/Engels, *Über Kunst und Literatur*, 1967, 2 Bde.
X *Marxismus und Literatur.* Eine Dokumentation in drei Bänden, hrsg. von F. J. Raddatz, 1969.
XI *Marxistische Literaturkritik*, hrsg. von V. Žmegač, 1970.
XII Karl Mannheim, «Ideologische und soziologische Interpretation der geistigen Gebilde», in: *Wissenssoziologie*, 1970.
XIII Werner Mittenzwei, *Gestaltung und Gestalten im modernen Drama*, 1965 (DDR).
XIV *Philosophisches Wörterbuch*, hrsg. von G. Klaus und M. Buhr, [7]1970.
XV Adam Schaff, *Marxismus und das menschliche Individuum*, dt. Ausg. 1970.
XVI René Wellek und Austin Warren, *Theorie der Literatur*, dt. Ausg. 1959.

STATISTISCHE METHODEN

Ia M. Bense, *Theorie der Texte. Eine Einführung in neuere Auffassungen und Methoden*, 1962.

b   M. Bense, *Einführung in die informationstheoretische Ästhetik. Grundlegung und Anwendung in der Texttheorie*, 1969 (rde 320).

II   H.S. Eaton, *Semantic Frequency List for English, French, German and Spanish; a correlation of the first six thousand words in four single-language frequency lists ...*, Chicago, 1940.

III   E. Förstemann, «Numerische Lautverhältnisse im Griechischen, Lateinischen und Deutschen», in: *Zeitschrift für vergleichende Sprachforschung*, Bd. 1, 1852, S. 163–179.

IVa   W. Fucks, *Mathematische Analyse von Sprachelementen, Sprachstil und Sprachen*, 1955 (Veröff. der AG für Forschung des Landes Nordrhein-Westfalen, H. 34a).

b   W. Fucks, *Zur Deutung einfachster mathematischer Sprachcharakteristiken*, 1956 (Forschungsberichte des Ministeriums für Wirtschaft und Verkehr des Landes Nordrhein-Westfalen, Nr. 344).

c   W. Fucks, *Nach allen Regeln der Kunst.* (Diagnosen über Literatur, Musik, bildende Kunst ...), 1968.

V   P. Guiraud, *Problèmes et méthodes de la statistique linguistique.* Dordrecht 1959 (Synthese Library).

VIa   G. Herdan, *The Calculus of Linguistic Observations*, 's-Gravenhage 1962 (Janua Linguarum ... Ser. maior Vol. 9).

b   G. Herdan, *The Advanced Theory of Language as Choice and Chance* (Berlin) 1966.

VII   F.W. Kaeding (Hrsg.), *Häufigkeitswörterbuch der deutschen Sprache*, 1897.

VIII   D. Krallmann, *Statistische Methoden in der stilistischen Textanalyse ...*, 1966 (Diss.)

IX   H. Kreuzer (Hrsg.), *Mathematik und Dichtung. Versuche zur Frage einer exakten Literaturwissenschaft*, 1965.

X   H. Meier, *Deutsche Sprachstatistik*, ²1967.

XI   H.J. Schneider, *Ein formales Verfahren zur maschinellen Sprachanalyse*, 1965 (Diss.).

XII   H.-H. Wängler, *Rangwörterbuch hochdeutscher Umgangssprache*, 1963.

XIII   G.U. Yule, *The Statistical Study of Literary Vocabulary*, Cambridge 1944.

XIV   E. Zwirner und K. Zwirner, «Die Häufigkeit von Buchstaben- und Lautkombinationen», in: *Forschungen und Fortschritte*, Jg. 12, 1936, S. 286f.

INHALT

Erich Auerbach: Mimesis
Dargestellte Wirklichkeit in der abendländischen Literatur.
(Band 90) 4. Auflage. 525 Seiten. Leinen DM 17.80

Bruno Berger: Der Essay
Form und Geschichte. (Band 95) 284 Seiten. Leinen DM 13.80

Hildegard Emmel: Geschichte des deutschen Romans
Erster Band. (Band 103) 372 Seiten. Leinen DM 22.–

Winfried Engler:
Der französische Roman von 1800 bis zur Gegenwart
(Band 97) 299 Seiten. Leinen DM 14.80

Rudolf Haller: Geschichte der deutschen Lyrik
vom Ausgang des Mittelalters bis zu Goethes Tod
(Band 101) 487 Seiten. Leinen DM 19.80

Hellmuth Himmel: Geschichte der deutschen Novelle
(Band 94) 547 Seiten. Leinen DM 18.80

Kleines literarisches Lexikon
4., neu bearbeitete und stark erweiterte Auflage herausgegeben
von Horst Rüdiger und Erwin Koppen.
1. Band: *Autoren I*. Von den Anfängen bis zum 19. Jahrhundert.
(Band 15) 840 Seiten. Leinen DM 28.80
2. Band: *Autoren II*. 20. Jahrhundert. (Band 16a/16b) Erster
Teil: A–K. 449 Seiten. Leinen DM 25.–; Zweiter Teil:
L–Z im Druck.
3. Band: *Sachbegriffe*. (Band 17) 458 Seiten. Leinen DM 13.80

Winfried Engler: Französische Literatur im 20. Jahrhundert
212 Seiten. Kart. DM 5.40

Johannes Holthusen: Russische Gegenwartsliteratur
Band I: 1890–1940. Die literarische Avantgarde. 171 Seiten.
Kart. DM 4.40. Band II: 1941–1967. Prosa und Lyrik. 157
Seiten. Kart. DM 4.40

Wilhelm Hortmann: Englische Literatur im 20. Jahrhundert
204 Seiten. Kart. DM 5.40

Wolfgang Kayser: Kleine deutsche Versschule
15. Auflage. 123 Seiten. Kart. DM 3.40

Emmy L. Kerkhoff: Kleine deutsche Stilistik
119 Seiten. Kart. DM 3.40

Max Lüthi: Das europäische Volksmärchen
Form und Wesen. 3., durchgesehene und erweiterte Auflage.
136 Seiten. Kart. DM 4.40

Ernst Nef: Der Zufall in der Erzählkunst
133 Seiten. Broschiert DM 9.80

Ulrich Stiehl: Einführung in die allgemeine Semantik
137 Seiten. Kart. DM 4.40

Joseph Strelka: Vergleichende Literaturkritik
111 Seiten. Paperback DM 8.80

UTB

Uni-Taschenbücher GmbH
Stuttgart

Eine Kooperation von 15 wissenschaftlichen Verlagen. Der Francke Verlag ist an dieser Arbeitsgemeinschaft beteiligt. Unser Beitrag zum UTB-Programm:

Band 4
Wolfgang Kayser: Geschichte des deutschen Verses
Zehn Vorlesungen für Hörer aller Fakultäten. 2. Auflage 1971. 156 Seiten. (ISBN 3-7720-0003-7) DM 5.80

In meisterhafter Darstellung bietet Kayser in diesem postum erschienenen Werk eine Überschau über den deutschen Vers vom 16. bis zum 20. Jahrhundert.

Band 32
Walter Porzig: Das Wunder der Sprache
Probleme, Methoden und Ergebnisse der modernen Sprachwissenschaft. 5., durchgesehene Auflage 1971. Herausgegeben von Andrea Jecklin und Heinz Rupp. 431 Seiten. (ISBN 3-7720-0007-X) DM 18.80

«Es ist uns kein gleichartiges Werk bekannt, das die vielfältigen und oft schwer zugänglichen Bereiche der Sprachwissenschaft vom modernen Standpunkt aus in so meisterhaftem Verfahren allgemeinverständlich darbietet.»
Süddeutscher Rundfunk, Stuttgart

Das UTB-Gesamtverzeichnis erhalten Sie bei Ihrem Buchhändler oder direkt von der UTB, 7 Stuttgart 80, Am Wallgraben 129